高僧傳

江南古佛

中峰明本

編撰——釋滿律

【編撰者簡介】

釋滿律

滿律法師，一九六九年生，臺灣雲林人。一九九〇年依止佛光山星雲大師出家，二〇〇九年畢業於玄奘大學宗教學系，獲碩士學位，現為臺灣長青關懷協會祕書長。

著有〈非洲「令正法久住」的另類模式——以「阿彌陀佛關懷中心」為研究對象〉、〈印順導師眼中的「如來藏」〉等文。

【「高僧傳」系列編輯序】

令眾生生歡喜者，則令一切如來歡喜

「為佛教，為眾生」六個字，乃是印順法師於臺北市龍江街慧日講堂（後因大門遷移，地址遷至朱崙街）為證嚴法師授予三皈依、並賜法名時的殷殷叮囑：「既然出家了，你要時時刻刻為佛教、為眾生。」

依證嚴法師解釋：「為佛教」是內修清淨行，「為眾生」則要挑起如來家業，走入人群救度眾生。因此法師稟承師訓，一心一志「為佛教還原教義，為眾生點亮心燈」，而開展慈濟眾生的志業。

歷代高僧之「為佛教、為眾生」

證嚴法師開創「靜思法脈，慈濟宗門」，並將其與「為佛教，為眾生」合釋：「靜思法脈」乃「為佛教」，是智慧；「慈濟宗門」即「為眾生」，是大愛。

進而言之，「靜思法脈，慈濟宗門」即菩薩道所強調的「悲智雙運」：「靜思法脈」是「智」，「慈濟宗門」是「悲」；傳承法脈、弘揚宗門就要「悲智雙運」，積極在人間發揮慈、悲、喜、捨四無量心。此亦即慈濟人開展四大志業、八大法印時的根本心要。

由其強調「悲智雙運」可知，「靜思法脈，慈濟宗門」並非標新立異，而是傳承佛陀教法以及漢傳佛教歷代高僧的教誨——包括身教與言教，並要求身心皆徹底踐履。為了讓世人明瞭慈濟宗門之初心與悲願，也讓這些歷代高僧的事蹟與精神更廣為人知，大愛電視臺秉持證嚴法師的信念，於二〇〇三年起陸續製作《鑑真大和尚》與《印順導師傳》動畫電影，將佛教史上高僧大德的動人故事，經由動畫電影的形式，傳遞到全世界。

因為電影的成功，大愛電視臺進一步籌畫更詳盡的電視版〈高僧傳〉——採取臺灣民眾雅俗共賞的歌仔戲形式。〈高僧傳〉的每一部劇本都是經過數個月的資料研讀與整理，縝密思考後才下筆，句句考證、字字斟酌。製作團隊感受到每一位大師皆以身作則、行菩薩道的特質，希望將每位高僧的大願與大行傳遍世界。

然而，不論是動畫或戲劇，恐難完整呈現《高僧傳》中所載之生命歷程，以及諸位高僧與祖師之思想以及對後世之貢獻。因此，慈濟人文志業中心便就〈高僧傳〉歌仔戲所演繹過的高僧，以《高僧傳》及《續高僧傳》之原著為基礎，含括了日、韓等國之佛教史上的知名高僧，編撰「高僧傳」系列叢書。我們不採取坊間已有之小說體形式，而是嚴謹地參照人物評傳的現代寫法，參酌相關之史著及評論，對其事蹟有所探討與省思，並將其社會背景、思想及影響皆納入，雜揉編撰，內容包括高僧的生平、傳承及主要思想或重要經典簡介。從中，我們不僅可以讀到歷代高僧的智慧與悲心，亦可一覽相關的佛教史地、典籍與思想。

在編輯過程中，我們可以看到歷代高僧之「為佛教，為眾生」：鳩摩羅什飽受戰亂、顛沛流離，仍戮力譯經，得令後人傳誦不絕，乃是為利益眾生；玄奘歷萬里之險取得梵本佛經、致力翻譯，其苦心孤詣，是為利益眾生；鑑真六次渡海欲至東瀛傳戒，眼盲亦不悔，是為利益眾生；六祖惠能隱居十五載以避害身之禍，只為弘揚如來心法，並言「佛法在世間，不離世間覺；離世求菩提，猶如覓兔角」，亦是為利益眾生……

這些高僧祖師大可獨善其身、如法修行以得解脫，為何要為法忘身、受諸逆境而不退？究其根本，他們不只是為了參究佛法，而是深知弘揚大乘佛法的目的乃在於大慈大悲地度化眾生、讓眾生能得安樂；若不能讓眾生同霑法益，求法何用？如《大智度論．卷二七》所云：

> 一切諸佛法中，慈悲為大；若無大慈大悲，便早入涅槃。

由此可知，就大乘精神而言，「為佛教」即應「為眾生」，實為一體之兩面。

「大悲」為「諸佛之祖母」

除了歷代高僧之示現，「為眾生」之菩薩道的實踐，於經教中更是多不勝數、歷歷可證。例如，《無量義經．德行品第一》便說明了菩薩作為眾生之大導師、大船師、大醫王之無量大悲：

無量大悲救苦眾生，是諸眾生真善知識，是諸眾生大良福田，是諸眾生不請之師，是諸眾生安隱樂處、救處、護處、大依止處。處處為眾作大導師，能為生盲而作眼目，聾劓啞者作耳鼻舌；諸根毀缺能令具足，顛狂荒亂作大正念。船師、大船師運載群生渡生死河，置涅槃岸；醫王、大醫王，分別病相曉了藥性，隨病授藥令眾樂服；調御、大調御，無諸放逸行，猶如象馬師，能調無不調；師子勇猛，威伏眾獸，難可沮壞。

如來於《法華經．觀世音菩薩普門品》中宣說，觀世音菩薩更以三十三種應化身度化眾生：

佛告無盡意菩薩：善男子，若有國土眾生，應以佛身得度者，觀世音菩薩即現佛身而為說法；應以辟支佛身得度者，即現辟支佛身而為說法；應以聲聞身得度者，即現聲聞身而為說法；應以梵王身得度者，即現梵王身而為說法；應以帝釋身得度者，即現帝釋身而為說法……應以天龍、夜叉、乾闥婆、阿修羅、迦樓羅、緊那羅、摩侯羅伽、人非人等身得度者，即皆現之而為說法；應以執金剛神得度者，即現執金剛神而為說法。無盡意，是觀世音菩薩成就如是功德，以種種形遊諸國土，度脫眾生，是故汝等應當一心供養觀世音菩薩。是觀世音菩薩摩訶薩，於怖畏急難之中能施無畏，是故此娑婆世界皆號之為施無畏者。

為何觀世音菩薩要聞聲救苦？因為菩薩總是「人傷我痛、人苦我悲」，恆以「利他」為念。如《大丈夫論》所云：

菩薩見他苦時，即是菩薩極苦；見他樂時，即是菩薩大樂。以是故，菩薩恆為利他。

正是因為這般順隨眾生、「以種種形」而令其無畏的無量悲心，讓觀世音菩薩受到漢傳佛教乃至於華人民間信仰的共同崇敬。慈濟人之所以超越貧富、超越國界、超越宗教地去關懷與膚慰需要幫助的生命，便是效法觀世音菩薩無量悲心、無量應化的精神。

在《法華經．普賢菩薩勸發品》中發願、將於佛滅後守護及教導受持《法華經》之眾生的普賢菩薩，於《華嚴經．普賢行願品》中則教導善財童子如何供養諸佛，亦揭示了如來、菩薩、眾生的關係：

於諸病苦，為作良醫；於失道者，示其正路；於闇夜中，為作光明；於貧窮者，令得伏藏。菩薩如是平等饒益一切眾生。何以故？菩薩若能隨順眾生，則為隨順供養諸佛；若於眾生，尊重承事，則為尊重承事如來；若令眾生生歡喜者，則令一切如來歡喜。何以故？諸佛如來，以大悲心而為體故。因於眾生，而起大悲；因於大悲，生菩提心；因菩提心，成等正覺。……若諸菩薩，以大悲水饒益眾生，則能成就阿耨多羅三藐三菩提故。是故菩提，屬於眾生；若無眾生，一切菩薩終不能成無上正覺。善男子，汝於此義，應如是解。以於眾生心平等故，則能成就圓滿大悲；以大悲心隨眾生故，則能成就供養如來。

《大智度論．卷二〇》亦云，佛陀強調，大悲心乃是諸佛菩薩之根本，具大悲心方能得般若智慧，亦方能成佛：

大悲，是一切諸佛、菩薩功德之根本，是般若波羅蜜之母，諸佛之祖母。菩薩以大悲心，故得般若波羅蜜；得般若波羅蜜，故得作佛。

「菩薩若能隨順眾生，則為隨順供養諸佛；若於眾生，尊重承事，則為尊重承事如來；若令眾生生歡喜者，則令一切如來歡喜。」閱及此段，不禁令人深深體會證嚴法師之智慧與悲心：慈濟宗門四大、八印之聞聲救苦、無量應化地「為眾生」，也是同時「為佛教」地供養諸佛、令一切如來歡喜啊！

歷代高僧雖未如慈濟宗門般推動慈善、醫療、乃至於環保、國際賑災等志業，乃因其時空因素，欲度化眾生先以弘揚大乘經教與法義為重；現今經教已備，所須的乃是效法菩薩道之力行實踐！慈濟宗門便是上承歷代高僧與經論之教法，推動四大、八印，行菩薩道饒益眾生，以此供養如來。

換言之，歷代高僧之風範、智慧及悲願，為佛教，也為眾生，此即諸佛菩薩之本懷，亦為慈濟宗門之本懷！這便是《高僧傳》系列叢書所欲彰顯者。

遙企歷代高僧儼然身影，我們可以肯定：為眾生，便是為佛教；為佛教，一定要為眾生！

【推薦序】

著述影響深遠的偉大禪師

——宗忍法師（臺灣長青關懷協會榮譽理事長、靜念中心住持）

機鋒峻烈、殺活自在的活潑禪風，總能吸引學人的目光停留。元朝的中峰明本禪師，其禪風、行持更是吸引著海內外的僧俗前來參學，乃至於元帝駙馬王璋、及文壇巨擘如趙孟頫與馮子振等人，皆歸拜於門下；影響之大，甚至有「江南古佛」之稱譽。

頂著無門慧開禪師轉世而來的光環，於高峰原妙禪師座下落髮出家的中峰禪師，比任何人還認真於禪法的修持，「晝服力役，夜事禪定，十年脅膚不沾席」，整整十年春秋隨師於「死關」中參修。高峰禪師示寂後，中峰禪師即辭別師門，泊舟中，止庵室，皆以「幻住庵」為名，實踐出家的初衷：志在草衣垢面，習頭陀行，做本色道人。

在禪法的傳承上，中峰禪師繼承了五祖法演禪師—大慧宗杲禪師—高峰禪師一路傳承的「看話禪」，認為十二時中猛提起話頭，一切處如此參，久之自然證悟。金剛怒目的菩薩，緣於無盡的悲心，其無私、不近人情地喝斥學人、師家之流弊，只為對治宗門之弊端。

其得法者如千巖元長、天如惟則、無照玄鑑、古先印原、蓮峰崇照、無隱元晦等禪師，皆能弘化一方。千巖元長禪師一系禪法影響甚深，後為明清兩代中國禪宗的主流。及古先印原、蓮峰崇照、無隱元晦等禪師返回日本，也開宗立派，影響著日本禪宗的發展。

中峰禪師致力看話禪的弘揚，又含攝禪淨融合、禪教合一、四宗一旨等思想，其著作膾炙人口，包括：《天目中峰和尚廣錄》、《天目明本禪師雜錄》、

《幻住清規》、《三時繫念》，範圍涵蓋禪學、淨土、清規，體裁包括示眾、語錄、經疏、詩、跋、序、箴等。尤其《三時繫念佛事》對後世影響深遠，至今仍廣受沿用於超薦法會中。

滿律法師原出家、受學於禪門的佛光山，擁有禪修經驗；後又就讀玄奘大學，養成以現代治學的方式來研讀經教。結合研究與實修之能力，撰寫中峰明本禪師的傳記，當能駕輕就熟。今《中峰明本——江南古佛》付梓出版，捧讀大作，先睹為快，受命作序，略記感想心得如上，權作首位讀者感言。

【編撰者序】

一生「幻住」的禪者風範

宋朝，是個外患頻繁的時代，無數將領，用生命捍衛著南宋江山的最後一絲希望。但，這似乎是一場註定失敗的戰爭：一方，是已經近乎征服了全世界的蒙古鐵騎；另一方是被稱為「弱宋」的南宋王朝。西元一二七九年，崖山之後，山河破碎，成不變之定局，元軍鐵騎踏遍中原大地，由少數民族（蒙古族）建立的封建王朝，正式定都大都（今北京）。這對以儒家文化為背景，以農業生產為基礎的中國社會，帶來了巨大的衝擊。

偉大的歷史人物，必有其獨特的眼界和心胸，也有其獨特的生活歷程和人格魅力，當然還有其相映的歷史條件和文化背景；中峰明本禪師（一二六三至一三二三）的一生，便橫跨宋、元兩個朝代，在南宋滅亡、百姓民不聊生、飽受戰亂苦楚的時代誕生，在元代建立王朝、在以薩滿教及藏傳佛教為主的環境生長。在國破家亡、精神無寄的改朝換代之際，他如何選擇了禪宗，又如何醞釀成禪門宗匠？

佛法非僧業弗行，僧業非佛法弗明。是宿世的因緣，是佛法的吸引，明本一頭栽入大乘經典就攸遊在法海之內，一腳踏入西天目山就沉浸在禪光之中。數十年隨師居「死關」的歲月，造就其畢生以清苦自持，行如頭陀；雖早已徹法源底，卻仍韜光養晦。近三十年隱遁於山林江河的時光，草棲浪宿，以船為居，或築庵而居，皆以「幻住庵」為名，也養成其一生明暗色空同一幻住；雖聲譽遠播於天下，卻遠離名剎住持之位。

明本在高峰原妙的弟子中，享有「竿上林新篁」之美譽。其在弘傳虎丘禪系的過程中，既與朝廷之間保持適當的距離，同時又獲得了朝廷認可，廣受封賜。在明本禪風、修為的攝受下，僧俗四眾，上自朝廷天子、文武百官，下至庶民百姓，無不仰慕，爭相追隨請法。如元代鄭元祐於《僑吳集》中描述，向明本請法的僧眾來自四方：「東至三韓，南極六詔，西窮身毒，北彌龍沙」，以致他所到之處皆成傳法中心，尤其在江南一帶形成很大影響，受其度化者無可計數，故有「江南古佛」之稱。據《五燈會元續略》言：「師居無定所，或船或庵，榜以幻住；僧俗爭相瞻禮，皆手額曰江南古佛。」

明本一生心繫禪林盛衰，弘揚看話禪孜孜不倦，期能對治宗門弊病，並讓學人有個通往頓悟的下手處，為江南禪宗注入了新的活力；所提倡的看話禪及重視坐禪的功夫論，影響著整個元朝佛教，乃至之後的臨濟宗門。元代文人黃溍（生卒年不詳）在〈《無見睹禪師語錄》序〉中稱道：「入國朝以來，能使臨濟之法復大振於東南者，本公（明本）及禪師（天台山華頂峰的無見先睹）

而已。」可知其貢獻至偉。

因應「崇教抑禪」的元代，明本又提倡禪淨融合、禪教合一、四宗一旨等思想，以期望取得禪宗與其他宗派間同等的地位，為禪宗爭取更大的發展空間。其融合思想也為他的弟子們所繼承；例如，惟則就著《淨土或問》，闡發禪淨兼修之旨，認為禪淨之間不相妨礙，指出淨土念佛法門適合大眾修行。其思想甚至影響著明清後代，如晚明蓮池大師等人。

出身禪門的明本卻善於用文字傳法，其一生的著作相當可觀，分別收錄於慈寂編的《天目中峰和尚廣錄》和《天目明本禪師雜錄》、《幻住清規》等書中。內容除禪宗方面外，尚有淨土思想的著作，如〈懷淨土〉十首、〈懷淨土詩〉百八首及〈次魯庵懷淨土十首〉和〈勸念阿彌陀佛〉等，對於社會民眾的淨土信仰影響很大。另有《三時繫念》的佛事和儀範各一卷，其《三時繫念佛事》至今仍廣受沿用於超薦法會中。

萬事皆是因緣，書寫此書也是。感謝心軒、慧謹法師的引薦，讓筆者獲得協助慈濟傳播人文志業基金會撰寫《中峰明本——江南古佛》的機會；此是一個首次寫書的生手，在佛光加被之下，完成了「不可能的任務」。再者，感謝臺灣長青關懷協會榮譽理事長宗忍法師慈悲護念，使筆者能安心完成此作，並於百忙中為此書撰寫寶貴的序文，更增添此書無上的光彩。

限於學識，筆者文字功力實難以展露明本身行頭陀、心繫叢林的禪者風範之萬一。但仍願此書是盞燈，是盞能傳下禪者志行典範、以及能照耀、溫暖、指引眾生的明燈，期許之！

目錄

示現

正宗至大鑒傳既廣，而學者遂各務其師之說，天下於是異焉，競自為家。……然其盛衰者豈法有強弱也？蓋後世相承得人與不得人耳。

年十五決志出家，禮佛然臂，持五戒，日課《法華》、《圓覺》、《金剛》，夜則常行，困以首觸柱。

影響

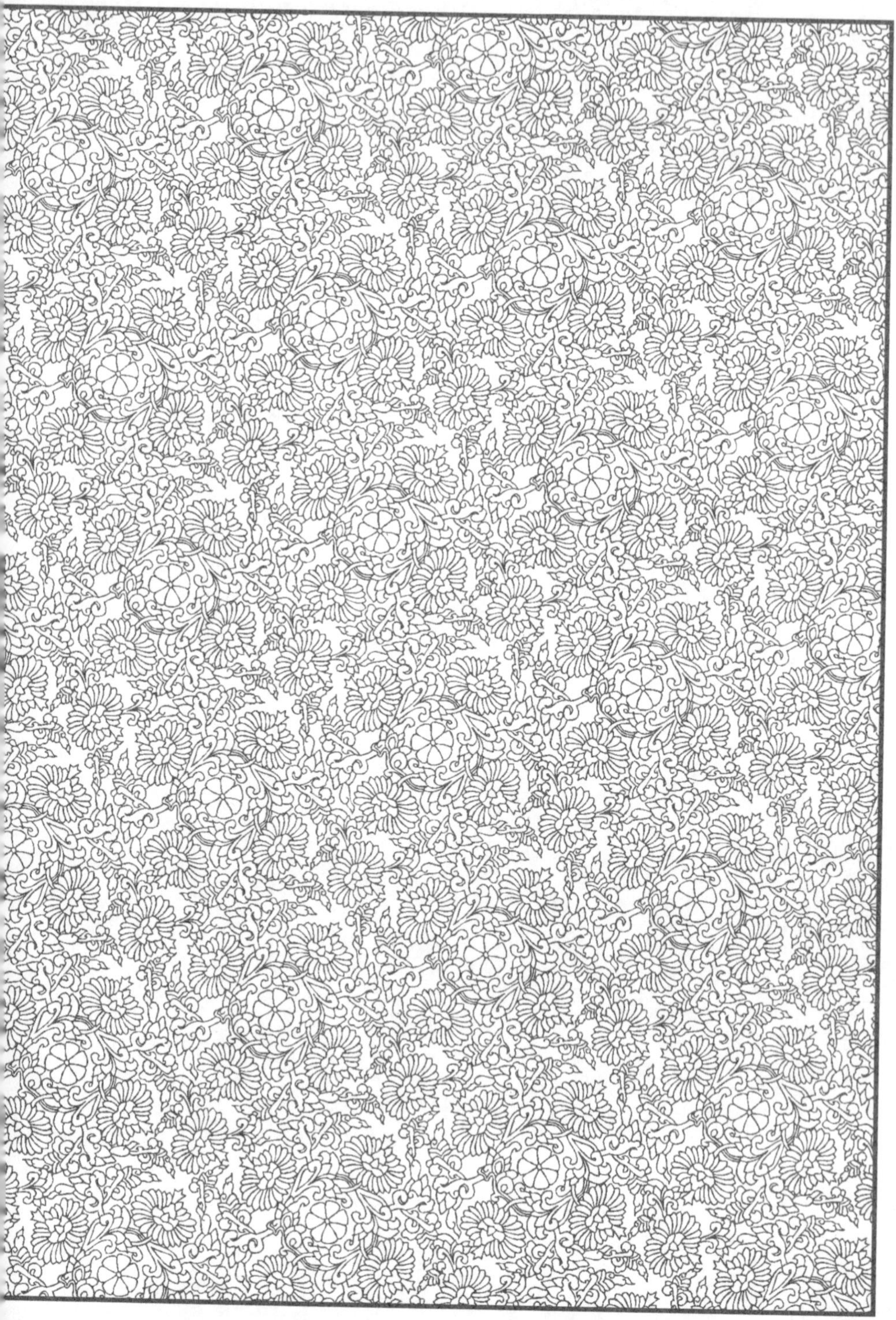

示現

緣起

正宗至大鑒傳既廣，而學者遂各務其師之說，天下於是異焉，競自為家。……然其盛衰者豈法有強弱也？蓋後世相承得人與不得人耳。

宋朝，是個外患頻繁的時代；無數將領，用生命捍衛著南宋江山的最後一絲希望。然而，這似乎是一場註定失敗的戰爭：一方，是已經近乎征服了全世界的蒙古鐵騎；另一方是被稱為「弱宋」的南宋王朝。西元一二七九年，崖（厓）山保衛戰（註一）之後，山河破碎，成不變之定局；元軍鐵騎踏遍中原大地，由少數民族（蒙古族）建立的封建王朝，正式定都大都（今北京）。

元朝的統治，對以儒家文化為背景、以農業生產為基礎的中國社會，帶來了巨大的衝擊；對佛教又會造成怎樣的影響？

兩宋禪宗概況

在中國佛教史上，經唐武宗李炎的會昌毀佛（西元八四〇至八四六年），佛教寺院財產被剝奪，僧尼被迫還俗，寺廟遭廢，經籍散佚，佛教各宗各派也由極盛而走向衰微；禪宗卻因其教外別傳、言語道斷、一日不作一日不食的獨特思想與生活方式，逐漸成為佛教主流。

禪宗各家的消長

禪宗在唐末五代分燈而傳，形成「一花五葉」的局面，分別為：溈仰宗、法眼宗、雲門宗、曹洞宗、臨濟宗。入宋後，臨濟宗分為黃龍派和楊岐派二支；後人將此兩派和禪宗五家合稱為「五家七宗」。溈仰宗在唐末時後繼無力，就絕傳了；法眼宗也在宋初隨之滅亡；至於雲門一宗，發展到北宋也中斷。後來只剩曹洞和臨濟兩家爭豔，兩者又以臨濟較盛，遂有「臨天下，曹一角」之稱。

一、溈仰宗

溈仰宗是五家之中最早成立的宗派，由溈山靈祐（七七一至八五三）和他的弟子仰山慧寂（八〇七至八八三）創立，以提倡「不說破」原則，及不假語言思惟的自心頓悟，和各種「圓相」的禪風來接引學人：該派禪師教學的特色為，在說法時用手畫一個圓圈，然後在圈中寫一個字或畫一個圖案，來表示理事圓融，啟發學者開悟。此種孤峻的禪風，五傳即告終止，再也不見其傳承了。

到了近代，據稱清末民初高僧虛雲老和尚（一八四〇至一九五九）承興陽詞鐸為溈仰八世、宣化法師（一九一八至一九九五）承虛雲為溈仰九世，韓國也有信仰圓相所示法身佛的圓佛教。

二、法眼宗

法眼宗是五家之中最晚成立的，由五代清涼文益（八八五至九五八）所創，源出南宗青原一脈。文益圓寂後，南唐中主李璟謚為「法眼大禪師」，故後世稱此宗為「法眼宗」。

法眼宗的宗風，簡明處似雲門，隱密處類曹洞。其接化之語句似頗平凡，而句下自藏機鋒，有當機覿面而能使學人轉凡入聖者。南宋晦岩智昭於所著之《人天眼目》即稱讚此宗的家風：「對病施藥，相身裁縫；隨其器量，掃除情解。」

永明延壽禪師（九〇四至九七五）倡「禪淨合一」，使法眼一宗揚名於宋。但作為宗派，法眼宗的傳承歷史並不長。在宋初極盛一時，並遠播盛行至高麗；但到了北宋中葉，法脈即斷絕而無法考察其傳承。

三、雲門宗

雲門宗，創宗祖師為雲門文偃（八六四至九四九），以位於韶州雲門山（在今廣東乳源瑤族自治縣北）的光泰禪寺為祖庭，故得名為雲門宗。

一般認為，雲門宗出自石頭禪，為青原行思、石頭希遷一脈；石頭希遷傳天皇道悟，天皇道悟傳龍潭崇信，龍潭傳德山宣鑑，德山宣鑑傳雪峰義存。雪峰義存門下，又分兩支：傳雲門文偃，為雲門宗；另一支傳玄沙師備，玄沙傳羅漢桂琛，羅漢桂琛傳法眼文益，是為法眼宗。另一個說法認為，雲門文偃出自洪州宗（註二），故雲門宗應屬洪州宗門下。

雲門文偃的語錄中，常見以一字、二字、三字回答提問者，如《景德傳燈錄・韶州雲門山文偃禪師》中言：

問：「如何是父母不聽，不得出家？」師曰：「淺。」

曰：「學人不會。」師曰：「深。」

雲門當時的問答非常簡短，稱為「一字關」，萬理歸一字一句。雲門宗宗風既不像臨濟那樣棒喝峻烈，也不像曹洞宗那樣丁寧綿密，而是以簡潔明快、不可擬議的手法破除參禪者的執着、妄想。雲門文偃慣用三種語句接引學人：「函蓋乾坤」、「截斷眾流」、「隨波逐浪」，人稱「雲門三句」，並被譽為雲門劍、吹毛劍。

雲門宗在北宋初期向湖南、江西、浙江發展，而成為江南禪宗的主流。例如，圓通居訥和佛印了元（一〇三二至一〇九八）在江西和江蘇傳法。雪竇重顯（九八〇至一〇五二）以明州（浙江寧波）為中心傳法，繼而北上於京師弘法；並受汾陽善昭的影響作《頌古百則》（將古人指導弟子所開示之公案〈古則〉，以簡潔的偈頌表示，稱為頌古），大振宗風，把宋朝頌古之風推向高潮，有雲門宗中興之祖之稱，號稱「雲門中興」；更影響了南宋以降的禪風，造成宋代文字禪的興起。

大覺懷璉（一〇〇九至一〇九〇）、宗本和善本師徒、法雲及法香等人住持汴京寺院，使南方禪宗盛行於北方；更有佛日契嵩（一〇〇七至一〇七二）提倡儒釋融合（北宋反佛風潮促成了儒佛會通），全力護法，化解宋代排佛人士對佛教的阻礙。契嵩的思想當時影響了不少人，如張商英、李綱等；所著《鐔津文集》受敕入藏經。（註三）

雲門宗大興於北宋；至南宋時，法嗣日減，勢力為臨濟、曹洞二宗所分，漸成強弩之末；至元代，法系便無可考。

四、曹洞宗

曹洞宗自石頭宗門下分出，創始於洞山良价（八〇七至八六九）、曹山本寂（八四〇至九〇一）。洞山良价以《易經》六十四卦之離卦六爻變化表徵所印證之「寶鏡三昧」，倡揚「正偏五位」（正中偏、偏中正、正中來、兼中至、兼中到，亦稱「五位君臣」）之說。曹洞接引學人之禪風，則以回互細密著稱。

曹洞宗在宋代的傳承，僅雲居道膺（八五三至九〇二）一系；傳至大陽警玄（九四八至一〇二七）時，他為了保證宗風不墮，精心操持，勤於接眾，足不越限，脅不至席，凡五十年。奈何宗門不振，法嗣難覓！無奈之下，他請託臨濟僧人浮山法遠（九九一至一〇六七）代為尋找合適的法器，以續薪傳。北宋英宗治平元年（一〇六四），法遠囑咐投子義青（一〇三二至一〇八三）接續了曹洞法脈。此時，警玄已入滅四十七年。

曹洞宗於投子義青傳芙蓉道楷（一〇四三至一一一八），後漸趨興盛。丹霞德淳（子淳）（一〇六四至一一一七）為道楷上首弟子，門下有真歇清了（一〇九〇至一一五一）和宏智正覺（一〇九一至一一五七）。真歇清了擔任真州（江蘇儀真）長蘆崇福院（此處原為雲門禪院）住持，並邀宏智正覺至長蘆，攜手於江浙與福建傳曹洞禪法，培育出不少傑出弟子，使曹洞宗在兩宋間興盛，遂取代雲門的地位，而與臨濟宗分庭抗禮；乃至於足庵智鑑（一一〇五至一一九二）之時，出現「曹洞中興」。

宏智正覺鑑於臨濟宗叫人看話頭、看公案，流於空疏，故起而弘倡以靜坐為主的「默照禪」，視靜坐守寂為證悟的惟一方法，與大慧宗杲的「看話禪」成為宋代禪宗的兩大主流；其作《默照銘》，在宋代極盛一時。

正覺住持天童寺三十年，隨之習禪者常不下數千人；另其作《頌古百則》，號為絕唱。正覺弟子雖多，法脈卻也數傳後即不可考，唯清了一系唯持曹洞法脈。曹洞法脈雖不及臨濟之龍象輩出，卻和臨濟一樣源遠流長，綿延至今。

五、臨濟宗

臨濟宗自洪州宗門下分出，始於臨濟義玄（出生不詳，至西元八六七年卒）。義玄從黃蘗（檗）希運（？至八五〇年卒）學法，後於鎮州（今河北正定）建臨濟院，廣為弘揚「般若為本、以空攝有、空有相融」的禪法，後世遂稱之為

「臨濟宗」，黃蘗禪寺（位於江西宜豐黃檗山）也因之成為臨濟宗祖庭。其禪風以機鋒凌厲、棒喝峻烈聞名於世；後世將其與家風細密的曹洞宗並舉，稱「臨濟將軍，曹洞士民」。

臨濟宗宋初傳法地在河北，宋仁宗時開始轉向南方，以江西為中心。六傳至汾陽善昭（九四七至一〇二四）倡導公案、代別（對公案或他人禪語的評語或解釋）和頌古，禪宗也由不立文字而發展出文字禪的教法。

善昭的弟子石霜楚圓（九八七至一〇四〇）晚年至潭州（湖南長沙）弘揚禪法，臨濟宗開始在南方流傳。此後，臨濟宗成為南方禪宗的主流。

石霜楚圓（九八七至一〇四〇）門下，旁出黃龍慧南（一〇〇二至一〇六九）和楊岐方會（九九二至一〇四九）二支，發展成了黃龍派和楊岐派，後人將此兩派和禪宗五家合稱為「五家七宗」。

黃龍慧南在黃龍山（今江西修水縣）傳法，門庭嚴峻，人喻之「禪風如虎」；

接引方法參雲門宗風，以「黃龍三關」來接引學人。據《黃龍慧南禪師語錄》記載：

師室中常問僧，出家所以鄉關來歷，復扣云：人人盡有生緣處，那箇是上座生緣處？又復當機問答，正馳鋒辯，卻復伸手云：我手何似佛手？又問諸方參請宗師所得，卻復垂腳云：我腳何似驢腳？三十餘年，示此三問，往往學者多不湊機，叢林共目為三關。

慧南再傳清涼惠洪（一〇七一至一一二八），清涼惠洪提倡文字禪，在北宋大為興盛；其將禪與聞學緊密聯繫，更從理論上系統闡釋「文字禪」，詳細記錄於《石門文字禪》，在禪宗史上有一定的影響力，也可見當時禪風。

黃龍派不久即衰微，僅（晦堂）祖心一系傳至南宋，並由日僧榮西（一一四一至一二一五）（註四）傳至日本。此後，自然就由楊岐派延續臨濟宗的法脈。

楊岐方會居住楊岐山（今江西萍鄉北），其禪學思想是針對臨濟禪法予以變通，既不失為臨濟正宗，又別有新意。他主張義玄「立處即真」的自悟，於《楊岐方會和尚語錄》中云：

立處即真，者裡領會，當處發生，隨處解脫。

其禪學風格屬臨濟體系，接化學人的方式大揚臨濟宗風，如臨濟義玄痛快淋漓、不容擬議的禪風特色，因此《禪林僧寶傳．卷二八》云：「其勘驗鋒機，又類南院（義玄二傳弟子慧顒）」。但在具體運用過程中，又吸收了雲門等派的特點，如《續傳燈錄．卷七》所言：「其提綱振領，大類雲門。」

換言之，方會的禪法，融會了臨濟、雲門兩家的風格，且兼得馬祖道一的大機、大用。所以，文政和尚於《楊岐方會和尚語錄．潭州雲蓋山會和尚語錄序》中言：

會初住袁州楊岐，後止長沙，雲當時謂（懷）海得其（道一）大機，（希）運得其（道一）大用，兼而得者獨會師歟！

總之，其靈活多變地接引學人，使其禪法渾無掛角、圓融會通；因此，人稱他的「禪風如龍」。正是這種宗風，使楊岐派在眾多的宗派弘揚過程中得以延續。

臨濟宗楊岐派的興起比黃龍派略晚；但在楊岐下二世五祖法演後迅速興起，在北宋末期和南宋初期，將臨濟宗楊岐派推向各地。再者，臨濟宗的圜悟克勤（一〇六三至一一三五）曾對雪竇重顯的《頌古百則》加以評唱，編成《碧巖錄》十卷。《碧巖錄》的出現，使得宋朝禪宗進入註解公案語錄的階段，並將文字禪再度推到高點。

圜悟克勤後分兩支：大慧宗杲、虎丘紹隆（一〇七八至一一三六）。文字禪發展到後來有重文字、輕實踐修行之趨勢；因此，圜悟克勤之弟子大慧宗杲為治文字禪及默照禪之弊，乃提倡看話禪，並注《正法眼藏》，後成南宋禪宗主流。宗杲之弟子皆活躍於南宋，但數傳之後就斷了法脈。楊岐派的傳承，在宋之後，就靠虎丘紹隆一系代表臨濟宗傳承下去。

為何各宗派會如此消長乃只於斷絕法脈呢？如北宋契嵩在《傳法正宗記．卷八》中云：

> 正宗至大鑑傳既廣，而學者遂各務其師之說，天下於是異焉，競自為家。故有溈仰云者，有曹洞云者，有臨濟云者，有雲門云者，有法眼云者，若此不可悉數；而雲門、臨濟、法眼三家之徒，於今尤盛。溈仰已熄，而曹洞者僅存，綿綿然猶大旱之引孤泉。然其盛衰者豈法有強弱也？蓋後世相承得人與不得人耳。

南禪五家之分，不是宗旨或教義上有差異，唯以家風不同而有差別；那麼，南禪各家的消長，來自何因？簡言之，人能弘道，非道弘人；佛法之興盛在人、傳承在人，其盛衰決定於法門僧才的素質；當然，其間還有社會政治、經濟、文化、習俗、外交等各種因素，但「人」的因素還是佔第一位。由南禪五家的消長，可知人才的重要。

禪宗思潮之特色

兩宋的禪宗不單出現量的變化，也出現質的改變。隨著思想本身的發展和時代環境的改變，宋代禪宗僅存的臨濟宗、曹洞宗，為在現實中生存、發展，其教法也不得不有所改變；因此，「禪教一致」、「禪淨雙修」、「融會儒道」等思想與教法，逐漸成為禪宗義理的主流。

「禪教一致」的思想源自唐朝宗密禪師（七八〇至八四一）。（註五）隨著宋朝「禪僧發狂慧而守癡禪，迷方便而違宗旨」、「末世誑說一禪，只學虛頭，全無實解。」（永明延壽語）等現象的產生，此思想再度被提起，進而影響著宋代各禪者。

例如，天台德韶（八九一至九七二）引天台的性具實相說發揮禪學；清涼泰欽（九一〇至九七四）、百丈道恆（九一六至九九一）活用華嚴思想於禪風中；永明延壽融和禪與淨、天台、華嚴等思想於其著作《萬善同歸集》、《宗鏡錄》中；真歇清了以《華嚴無盡燈》來呈現禪與華嚴的融合；而楊岐方會、大慧宗杲也以華嚴教說參禪；惠洪覺範（一〇七一至一一二八）著《智證傳》，融通禪教，並對經典加以著述，如《楞嚴經合論》、《法華經合論》等。以上數例，在在說明宋代禪僧對經典態度的改變，及對「禪教一致」思想的認可。

「禪淨雙修」的觀念，早在東晉慧遠（三三四至四一六）所倡導的念佛禪中，就可見端倪。而形成風潮是來自永明延壽大力的提倡，他作〈四料簡〉來說明禪淨雙修的必要性：

有禪有淨土，猶如戴角虎；現世為人師，來生作佛祖。
無禪有淨土，萬修萬人去；若得見彌陀，何愁不開悟。
有禪無淨土，十人九蹉路；陰境若現前，瞥爾隨他去。

無禪無淨土，鐵床並銅柱；萬劫與千生，沒個人依怙。

此風影響所及，令禪淨雙修之教法更為普遍。例如，真歇清了勸人參禪兼修淨土，著有《淨土指歸集》，他說：

乃佛乃祖，在教在禪，皆修淨業，同歸一源；入得此門，無量法門，皆悉能入。

死心悟新也勸修淨土，著有《勸修淨土文》，他說：「參禪人最好念佛；根機或鈍，恐今生未能大悟，且假彌陀願力，接引往生。」佛日契嵩亦倡導禪淨雙修，並身體力行；如《林間錄》中記載，他夜分誦觀世音名號，滿十萬聲則就寢。天衣義懷則著《勸修淨土說》，主張「淨土兼修不礙禪」。結社念佛更不是少數，文人、士大夫也都習禪又修淨土法門；例如，東林常總禪詩與蘇軾在廬山東林寺的「禪社」有禪淨共修的活動；文彥博與淨嚴禪師結僧俗十萬人念佛。

換言之，原本自力修行的禪宗，藉由結合他力的淨土，使得禪宗更加容易為民眾所接受，進而滲入各個階層。

「融會儒道」的想法，在永明《萬善同歸集》中也出現過，他說：

三教雖殊，若法界收之，則無別原。若孔、老二教，百氏九流，總而言之，不離法界，其猶百川歸於大海。

而此思想真正的推手是佛日契嵩。他在宋仁宗開始滅度僧尼、朝廷上下一致排佛之時，著《鐔津文集》、《輔教編》，辨明儒、釋的一致性，強調二者均能達到「同歸於治」，及主張三教融合的契機在於禪宗的「心」。影響所及，大覺懷璉、圜悟克勤、大慧宗杲等皆認同之，宗杲甚至說（見《大慧普覺禪師語錄》）：

三教聖人立教雖異，而其道同歸一致：此萬古不易之義。

三教聖人所說之法，無非勸善戒惡，正人心術。

三教思想的融合，雖來自時代環境的促成，卻也使得禪宗得以延續法脈，並廣泛為士大夫、文人所支持。

多元禪風的呈現

五家南禪興盛以來，「直指人心，見性成佛」的方法轉為應機施教、機鋒棒喝。至宋代，「參公案」、「參話頭」漸成風尚，因此發展出多元的禪風，主要有看話禪、默照禪、文字禪等三種。

「文字禪」從不立文字到不離文字，使禪宗出現「燈錄」、「語錄」、「頌古」、「評唱」、「擊節」（對拈古、頌古的再評述）等，邁入以語言文字來表現禪學思想的文字禪時代。

「燈錄」有宋道原撰《景德傳燈錄》、宋李遵勗編《天聖廣燈錄》、宋惟白集《建中靖國續燈錄》、宋悟明集《聯燈會要》、宋正受編《嘉泰普燈錄》、宋普濟編《五燈會元》等。

「頌古」有汾陽善昭作的《先賢一百則》、《代別一百則》，後又加自己的公案一百則，編集成《頌古代別三百則》；雪竇重顯的頌古百則，稱為《雪竇頌古》；及白雲守端、大慧宗杲皆作一百一十則頌古，丹霞子淳、投子義青、天童正覺等也皆有頌古傳世。「評唱」有圜悟克勤的《碧巖錄》，後繼仿效者大有人在。

士大夫好禪，早在中唐就有之。宋代，因「文字禪」助長僧侶與士大夫、文人詩文相酬，並造成宋代士大夫參禪之風盛行；如蘇東坡、黃山谷、王安石、張商英等，皆在黃龍派處參禪，並各自產生禪文學的作品。如蘇東坡（一〇三六至一一〇一），以禪入詩，黃山谷（一〇四五至一一〇五）著《發願文》，王安石（一〇二一至一〇八六）著《維摩結經注》、《楞嚴經解》、《華嚴經解》，張商英撰《金剛經四十二分說》、《法華經合論》。

另外，曹洞宗默照禪及臨濟宗楊岐派看話禪，在宋代皆各佔一片天。宋代曹洞宗發展趨勢分為南北兩地，一是黃河流域的北地曹洞，為金末元初萬松行秀（一一六六至一二四六）詔法，洛陽嵩山少林寺和濟南泰山靈巖禪寺等亦維持宗風；一是江南曹洞，南宋初期在真歇清了、宏智正覺後，有天童如淨（一一六三至一二二八），日本道元（註六）即得法於如淨，後傳曹洞禪法於日本，及自得慧暉、雲外雲岫、無印大證維持默照禪風；另有東明慧日（一二七二至一三四〇）、東陵永璵（？至一三六五）赴日弘揚默照禪風。看話禪由大慧宗杲創立，後續禪者頗多，以五祖法演的六代法孫無門慧開著《無門關》，加以闡釋看話禪中「無」字公案，再創禪法高峰。

元代是由蒙古族建立的王朝，自西元一二〇六年，成吉思汗統一蒙古各部，建立大蒙古國，至元順帝至正二十七年（一三六七）滅亡，共計一百六十二年。若以元世祖忽必烈即位（一二六〇）算起，則有百餘年的時間。忽必烈於至元八年（一二七一），改國號為「大元」。

早期，蒙古族人以信奉薩滿教為主，成吉思汗本人對待各個宗教皆持尊重的態度；據說，他還告誡後人，切勿偏重某種宗教，應對各教之人待遇平等，使元代宗教表現出多元並存的特點。

然而，忽必烈登基前，就崇奉藏傳佛教；即位後，即尊八思巴（註七）為國師，後又升其為帝師。忽必烈經佛道大辯論，確立了儒釋道三教以佛教最尊的政策。至元二十五年（一二八八），經教禪廷辯，又實行了「崇教抑禪」政策。

換言之，忽必烈時代，在各種宗教中，最推崇佛教；而佛教中，又最推崇藏傳佛教，其次是北傳佛教中的「教」下，即天台宗、華嚴宗、唯識宗，對禪宗則採取了抑制態度，尤其對江南禪宗更是嚴厲壓制。忽必烈去世之後，朝廷對江南禪宗的態度逐漸緩和。

禪宗概況

元初，禪宗仍是主流，分北方、南方兩處流傳。早在北宋時期，芙蓉道楷便在北方奠定曹洞禪弘傳基礎，後經淨因自覺下的一辨、僧寶、僧體、如願等幾代禪師長期在北方弘傳，曹洞宗在北中國已經有了長足的發展。

蒙古軍攻陷燕京時，萬松行秀一如往常積極弘法，並謀求政權護持佛教，後受敕為萬壽寺住持。就這樣，萬松行秀及弟子雪庭福裕（一二〇三至一二七五）、林泉從倫（一二二三至一二八一）、耶律楚材（一一九〇至一二四四）等得到國家的支持，於北方傳播曹洞禪法；此時的曹洞宗，幾乎都屬於萬松行秀的法脈。萬松行秀著有《容庵錄》、《請益錄》等書；由此可知，元代頌古、評唱等風仍盛。

發源於河北的臨濟宗，發展到元代，分為南北兩大傳承系統。北方以海雲印簡（一二〇二至一二五七）為代表，在元初被朝廷奉為「臨濟正宗」。從成吉思汗、窩闊臺、貴由、到蒙哥，四代君王一直對海雲印簡崇敬有加，請他出面掌管天下佛教事務。大元的開國皇帝忽必烈，尚未登上大位時也曾折服在他座下；不但聽從他的倡議，廣求天下碩儒賢士治國，而且跟從他受了菩薩戒，成為了他的正式弟子。

元武宗時代，印簡的再傳弟子西雲安，受賜「臨濟正宗之印」，並被封為榮祿大夫、大司空，「領臨濟一宗事」。印簡一系得到朝廷的認可和維護，在臨濟宗中亦獲得正統地位。

南方禪宗雖以臨濟宗為主，但受「崇教抑禪」政策影響，其發展後來出現了分歧，分為「庵居知識」及「道契王臣」的禪師。

「庵居知識」一派的禪師多隱居於山林之中，以破庵祖先一系的禪師為主，有明本、先睹、了義、元長等人。「道契王臣」的禪師多於朝廷建立良好關係，住持名山大剎，顯赫一時，以之善系、居間系、崇嶽系的禪師為主，包括元叟行端（一二五四至一三四一）、笑隱大訢（一二八四至一三四四）、曇芳守忠（一二七五至一三四八）、古林清茂（一二六二至一三二九）等人。

教下概況

「教」主要是指依據佛教經典和宗派的著述，進而宣揚佛教的教理，在元代分為：華嚴宗、天台宗、唯識宗；由於統治者的提倡，在元代有了新的發展。

元代敷演《華嚴經》的有普瑞、圓覺、本嵩、盤谷、文才、達益巴等人。元代的華嚴宗傳承，都是師會一脈。元代由南宋的玉峰師會，傳本覺悟心、傳竹坡普悟，至無名衲、方山元介二人。衲傳大德圓明、明傳寶集妙文。當時禪學漸衰，教乘稍盛，元世祖命妙文居寶集寺，獨振圓機，融通寂照。元介傳珍林慧瓊，瓊傳真覺文才。

文才對於古今史籍，無不精究，因此元世祖命之主洛陽白馬寺，成宗請他主五臺山萬壽寺，封為真覺國師，著有《華嚴玄談詳略》、《肇論疏》等。文才的同門有皎淵月，傳到蒼山普瑞，被南詔（雲南大理）段氏所信奉，撰有《華嚴懸談會玄記》、《華嚴心鏡》、《玄談輔翼》等。文才另一同門南山真華，傳寶覺簡，至大寧善學；寧行華嚴懺法，修淨土五悔諸文，大弘華嚴宗法。

宋代以後的天台宗，在教義上一般都局限於注釋學上，偶爾也有針對他宗或結合淨土的論著出現。元代，杭州下天竺寺的蒙潤（一二七五至一三四二）作《天台四教儀集注》，影響較大。又有懷則，為了針對禪宗而著《天台傳佛心印記》、為解釋淨土思想而著《淨土境要門》等，以此維護天台的教義。另有湛堂性澄（一二六五至一三四二），力爭將變為禪宗道場的天台山國清寺重新恢復為天台宗道場，並積極地將密教教理攝入天台宗教學之內，形成中國台、密結合的新趨勢。

元代時期，朝廷特別重視唯識宗，當時弘揚唯識宗的有普覺英辯（一二四七至一三一四），其弘法於秦州景福寺，道俗稱為「無佛世之佛」。至元二十五年（一二八八），朝廷命江淮諸路立御講所三十六所，雲岩志德（一二三五至一三二二）被選為講主，開講《法華》、《唯識》等疏，號佛光大師。吉祥普喜通達《唯識》、《因明》諸論，也是江淮御講所的講主之一。

淨土概況

元代淨土思想，其弘揚方式有兩種。一為融和在其他宗派中一起闡揚，如禪宗的中峰明本著《懷淨土詩》，天如惟則著《淨土或問》等書；天台的湛堂性澄、虎溪懷則等，都在弘揚各自宗派思想時兼弘淨土理念。其他包括：天台宗玉崗蒙潤著《四教儀集註》、普度等人著《蓮宗寶鑑》，華嚴宗的文才著《惠燈集》。另一則為結合民間結社，如江南的白蓮宗、白雲宗，也都提倡念佛。

白蓮宗、白雲宗後來皆因故被禁止。但於元世祖時代，由於白雲宗的努力，而有思溪版《大藏經》的開刻，自至元十四年（一二七七）開刻、至元二十七年（一二九〇）完成，被稱為《杭州餘杭縣白雲宗南山大普寧寺大藏經》，在歷史上仍是功不可沒之大事。

總而言之，元代的佛教，從各宗各派兼修兼學的風氣中，可看出其諸宗融合的傾向。

【註釋】

註一：崖（厓）山，位於今香港以西大約一百公里左右的一個島嶼（位於今廣東江門市新會區）。西元一二七九年，南宋最後的抵抗力量在這兒集結，同時也有義勇軍加入；在這個小島上，當時共有包括宮女在內約有十餘萬人聚集。之後，在蒙元軍隊的強勢圍攻堵截下，無力回天的丞相陸秀夫只好背著幼小的宋朝皇帝趙昺投海殉國。見到這一幕的南宋將兵、以及官吏、宦官、宮女、百姓等，或出於脅迫、或出於自願，紛紛投海自盡，以示殉國。

註二：洪州宗，又稱洪州禪，與石頭宗並列為唐代禪宗兩大派系之一，由六祖惠能門下分出，始於南嶽懷讓禪師，但實際建立者為馬祖道一（七〇九至七八八），又稱洪州道一、江西道一，俗姓馬，道一為法名；十二歲出家，二十六歲至湖南衡山從懷讓禪師習禪，並得印證。唐大曆四年（七六九），馬祖道一駐錫洪州（今江西南昌市）開元寺（今佑民寺），弘法十五年，直至入滅。由於馬祖道一的宏揚，使洪州開元寺成為當時的江南佛學中心。他在世時，法嗣一三九人、親傳弟子八十四人，這些弟子之後都成為一方宗祖，遂使禪宗大行天下。馬祖道一圓寂後，其弟子百丈懷海繼承並發揚他的學說。洪州禪後開臨濟、溈仰二宗。

註三：據近人張清泉的研究，契嵩儒釋融會思想是「北宋以前佛教護法思想之集大成」，同時也是「儒釋融會理論系統之完成」；他「擴展與推闡《中庸》宇宙論」，成為「宋明理學心性觀點的先驅」。

註四：榮西為鎌倉時代前期僧，俗姓賀陽，字明庵，號葉上房，備中（岡山）吉備津人。初學顯密二教於比叡山，尤擅長於台密，為葉上流的創祖。榮西為研究禪法，兩度入宋，參謁天台山萬年寺虛庵懷敞禪師，承襲臨濟宗黃龍派的法脈，而後發展成日本禪宗的主流。

奈良朝（七一〇至七四九）時期日本已將茶引入，但並不盛行。由於榮西自宋攜回茶種，種植於築前背振山及博多聖福寺，又贈送高辨三粒種子栽植於母尾，不久分植於宇治，為宇治茶園之始，使茶更廣泛種植，榮西因此被尊為「日本茶祖」。宋朝時期禪林逐漸有吃茶風氣，吃茶的禮儀、行法更成為禪門中的一環，於是有「茶禪一味」之說。榮西將宋朝禪院茶風引進日本，歸國後首度於鎌倉壽福寺、博多聖福寺、京都建仁寺等寺院，設立每日修行中吃茶的風習。榮西並撰有《吃茶養生記》一書，為其晚年的最後著作。

註五：圭峰宗密，唐代名僧，俗名何炯，果州西充（今四川西充縣）人，曾第進士。元和二年（八〇七）於遂州遇道圓禪師，受具足戒，出家為僧，道圓授予《華嚴法界觀門》。後獲《圓覺經》，研讀而豁然大悟。經道圓指示，開始游腳四方，尋求善知識。
元和五年（八一〇），至恢覺寺，參禮靈峰禪師。靈峰禪師為清涼澄觀弟子，將其師《華嚴經疏》及《隨疏演義鈔》授與宗密；宗密後拜訪清涼澄觀，觀歎曰：「毗盧華藏，能隨我遊者，其唯汝乎？」此後常隨澄觀受學，以弟子之禮在其門下修學兩年。
他受禪宗思想的影響，又學《圓覺》、《華嚴》、閱藏三年，研究《唯識》、《起信》，形成了融禪教於一體的思體系。他最後歸宗華嚴，而被尊為華嚴五祖。

唐文宗太和年間，宗密經常被文宗詔入內殿，請教佛法大意；賜紫方袍，敕號大德。朝臣歸信者甚多；宰相裴休常從受法要，成為他深入堂奧的弟子之一。

唐武宗會昌元年（八四一）正月六日坐化於興福塔院，世壽六十二，法臘三十四，荼毗後得舍利數十粒。因常住圭峰草堂寺（位於今中國陝西戶縣），世稱圭峰禪師，唐宣宗追謚定慧禪師。

註六：道元禪師（一二〇〇至一二五三），日本佛教曹洞宗創始人。俗姓源，號希玄，京都人，村上天皇第九代後裔。三歲喪父，八歲失母，悟世相之無常，遂有出塵之志。十四歲就在比叡山天台座主公圓出家。研習天台宗義及南天密教義理，於大小乘法無所不學。對於顯密法門各有不同生起諸多疑團，尤其令他百思不解的是：「顯密二教共談：本來本法性，天然自性身，何以三世諸佛要發心求菩提？」

建保二年（一二一四），往謁榮西禪師解惑。榮西和尚年老體弱，已近圓寂，道元改依止榮西和尚的嗣法弟子建仁寺住持明全和尚，學習臨濟宗黃龍派的榮西禪風。明全精通天台、華嚴教學，道元在其指導下，一面坐禪一面看藏經。

經過九年，明全欲入宋（中國），道元亦仰慕唐土先進的高風，遂於二十四歲時隨從明全入中國宋朝。下船後隨明全到明州（今中國寧波）天童山，參於住持無際了派，之後獨自到各地參謁諸家。

在中國歷遊諸方的第三年，道元原決心回國，便轉回天童見明全；途中探聞接了派法脈之如淨和尚高風，即再投於天童景德寺。道元初謁如淨的數日後，明全即病歿。

天童山禪風嚴峻。某日，如淨和尚巡堂，見道元鄰單的行者正在打瞌睡，即刻罵道：「夫坐禪者，為脫落身心也；只管打睡，堪作什麼！」道元在旁聞之，豁然大悟。翌日天明，詣方丈室，薰香禮拜，如淨和尚當下印可。最令道元尊敬的是如淨極力遠離權勢名利，視豪家之喜捨金銀珠玉如糞土，辭謝皇帝所賜紫衣而不受，甘願過著貧寒的生活。

道元與如淨相見第二年即被定為嗣法嫡子，授與袈裟、嗣書其他信表，再加鍛鍊一年後終於攜帶明全的遺骨於三十二歲回日本，完結五年的留學。如淨於頂相題偈曰：「以爾異域人，授衣為法信，歸國布化，廣利人天。莫住城邑聚落，莫近國王大臣，須居深山幽谷。時機未稔，接取一箇半箇，嗣續吾宗，勿令斷絕。」道元傳接衣鉢，即成為繼如淨和尚之後曹洞宗第十四代祖師。

道元四十四歲時受波多野義重的召請進入越前州（福井縣），第二年開創永平寺。道元於此大振禪風，提倡「只管打坐」法門。此後，日本曹洞宗即以永平寺作為總本山。

孝明天皇建長五年，道元禪師將永平寺住持一職傳與高足孤雲懷奘，同年八月二十八日示寂，世壽五十四，法臘四十一。荼毗後，得舍利無數，孝明天皇賜謚「佛性傳東國師」。一八八〇年，明治天皇又加謚「承陽大師」。

道元禪師的思想被認為是日本佛教史上最突出的成就，其著作尤以《正法眼藏》一書，成為日本曹洞宗最重要的典籍，亦被公認為日人著作中最高哲學書籍。

註七：八思巴（一二三五至一二八〇），為藏語 Phags-pa 之音譯，又譯八合思巴、發思巴，意為「聖者」，乃是尊稱，其本名為羅古洛哲堅贊（bLo-gros-rgyalmtshan-hPhags-pa，意為「聖者慧幢」）。吐蕃薩斯迦（今西藏薩迦）人，出身於著名的昆氏家族。昆氏家族發跡於西元八世紀初葉；西元一〇七三年，家族中的昆・貢卻傑布在本波山下創建薩迦寺，創立薩迦派（俗稱「花教」）。

一二四〇年，蒙古派兵攻入西藏後，邀請八思巴的伯父薩迦班智達貢噶堅贊至涼州（現甘肅武威）商量西藏日後的安排。八思巴十歲左右，就跟隨伯父赴涼州與蒙古汗王談判。

一二五一年十一月，薩迦班智達在涼州幻化寺圓寂，年僅十七歲的八思巴接任成為薩迦派教主。一二五五年，在忽必烈面前與道教辯論；他以淵博的學識、無礙的辯才，使道教諸道士理屈詞窮、俯首認輸。忽必烈遂焚道教經卷，歸還道教占據的佛剎。

中統元年（一二六〇年），忽必烈即位，為元世祖，尊八思巴為國師，即大元帝師，使統天下佛教徒。一二六四年，忽必烈遷都大都（現北京），改年號為至元，使八思巴領總制院事，統轄藏區事務。

八思巴奉忽必烈之命創制「蒙古新字」；他便依照藏文三十個字母創制一種由四十一個字母構成的新文字，其語音拼讀均按蒙語，後來又稱為「八思巴蒙文」。

一二七〇年，忽必烈晉升八思巴為帝師，並更賜玉印，又稱帝師大寶法王，簡稱帝師。

一二七六年，八思巴還至薩斯迦，正式成為西藏佛教薩迦派第五代祖師。八思巴在世任國師或帝師期間，除了推動藏族地區的政治經濟文化全面發展之外，為元朝的穩定、發展以及全國各民族間的團結和文化交流，均作出過巨大貢獻。

至元十七年（一二八〇），八思巴圓寂於薩迦，享年四十五歲（或為四十六歲）。受追謚為「皇天之下、一人之上，開教宣文輔治、大聖至德、普覺真智、佑國如意、大寶法王、西天佛子，大元帝師」之無上稱號。

第一章　乘願再來

年十五決志出家，禮佛然臂，持五戒，日課《法華》、《圓覺》、《金剛》，夜則常行，困以首觸柱。

是業力，是願力，串起輪迴永不休息的戲碼；每一個初到人間的嬰孩，早已是生死輪迴中的老人……

頗富神祕色彩的誕生

「東南形勝，三吳都會，錢塘自古繁華……」，宋代詞人柳永的〈望海潮〉，清楚描繪杭州富麗的景象，東南形勝重要，是交通便利的地區，也是吳興、吳郡、會稽三郡的重要都城，杭州自古以來就是繁華的代表。據說，金朝海陵王完顏亮（西元一一二二至一一六一年）就是讀過〈望海潮〉，才興起揮兵南下的念頭。

宋代臨安佛教頗盛，南宋吳自牧在所著《夢粱錄》中就言，臨安城內的大小寺院有五十七座，尼寺三十一座，城外有寺院三百八十五座，其他七縣有寺院一百八十五座，庵舍十三座。（註一）

中峰明本禪師，就在這被譽為「人間天堂」的杭州錢塘縣臨安府的一戶學佛家庭中出生。其父姓孫，名應瑞；母李氏，生有子女七人，明本居其末。據〈中峰行錄〉記載，明本出生前一天，其母李氏夜夢無門慧開禪師（一一八三至一二六〇）（註二）手持燈籠至其家，翌日，南宋理宗景定四年（一二六三）十一月二日，明本於杭州錢塘（今浙江省錢塘縣杭州市）誕生了。

著名的禪師出生伴隨著瑞象的傳說，是禪門中偶有的現象，明本禪師便被傳說成是無門慧開禪師轉世而來。其根據除了李母的夢境外，還有兩人均出生於杭州錢塘、兩人出家後都居住於天目山修持、兩人都屬臨濟宗楊岐派下僧侶，並致力提倡看話禪……諸般雷同，在在加深了人們的揣想。

殊勝深厚的佛法宿緣

幼兒時期的明本就顯現出異於常人的一面。《中峰和尚廣論・東話西語》中言：

> 方離襁褓惟以歌唄佛事為兒戲，鄰人異之。七歲從市學，讀《論語》、《孟子》未終，九歲喪母而輟學。

靜時，跏趺而坐，如同坐禪的老參；動時，彎身曲伸，似如禮佛的僧侶；說時，依哩嗚嚕，恰似讚佛的沙門。這些迥異常人的事蹟，在弟子及信眾間增添了些許的影響力。

咸淳五年（一二六九），明本七歲到學堂開始學習《論語》、《孟子》等儒家經典，但總覺得儒家典籍有未盡之處；遂在九歲喪母後，就停止了求學路。

十五歲時立志出家，在佛前禮佛燃臂，誓守五戒。如《南嶽單傳記》中所載：

年十五決志出家，禮佛然臂，持五戒。日課《法華》、《圓覺》、《金剛》，夜則常行，困以首觸柱。

明本精進不懈，晝夜彌勵，白天埋首研讀《法華經》、《圓覺經》、《金剛經》等，夜晚精進經行禪修，若困倦了，就以頭觸柱，以警醒自己，並常常登上靈洞山頂修習禪定。少年時期的明本精進不懈，一則研讀經教，一則下功夫於禪修，也因此種下了未來出家悟道的因緣。

二十歲，明本讀到《傳燈錄》（註三）中的一段：「庵摩羅女問曼殊：『明知生是不生之理，為什麼卻被生死之所流轉？』……」明本百思不得其解。望著每一個字皆懂的經文，卻還是不懂文意：信女庵摩羅女請教文殊菩薩，既然已知曉生滅現象的理體為不生不滅，那麼為何還會為生死所束縛？

為何？為何？為何？這個問題一直在明本的心中盤旋不去，也因此種下未來與原妙禪師相遇的因緣。

【註釋】

註一：當代佛教學者馮學成指出：「杭州既有此天地靈秀之氣，自然也是方外高人薈聚和遊歷之地。南宋五山十剎，如靈隱、淨慈、上中下三天竺均在西湖之側；而徑山、天童、育王、雪竇、道場、虎丘等等，接相與鄰州而望。這一片湖山，真可為神州之禪窟。」

註二：春有百花秋有月，夏有涼風冬有雪；

若無閒事掛心頭，便是人間好時節。

這首人人上口的詩偈，就是由無門慧開禪師所撰。無門慧開，宋代臨濟宗楊岐派僧，杭州錢塘人，俗姓梁，字無門。

慧開幼年入道，廣習經論，禮敬天龍肱和尚為受業師；後聞月林師觀禪師（一一四三至一二一七）在萬壽寺說法，於是前往師觀禪師座下參學。師觀教導慧開以趙州狗子無佛性之「無」字為參究的話頭，自此慧開於南峰石室依教用功，可是六年後毫無所獲。

慧開進而奮志發誓：至今捨去睡眠；若非，則爛卻我身！從此以後，慧開便夜不倒單，晝夜六時，精勤不息；睏了，就起身經行，或者頭磕碰露柱，以驅趕睡魔。

一日，慧開忽聞法鼓響起，他豁然大悟，遂作偈曰：「青天白日一聲雷，大地群生眼豁開；萬象森羅齊稽首，須彌蹦跳舞三臺。」第二天，慧開便入室想呈上自己的證悟。師觀禪師一見便先打斷他道：「何處見神見鬼了也！」慧開大喝一聲，師觀禪師亦大喝一聲，慧開又再度大喝一聲，師觀禪師笑而點頭印可。

嘉定十一年（一二一八），慧開住持安吉報國寺，後又陸續住持隆興府天寧寺、黃龍寺、翠巖寺，鎮江府焦山普濟寺，平江府開元寺，建康府保寧寺等寺院。紹定元年（一二二八），慧開應邀於福州永嘉龍翔寺為僧眾演說法要，並整理成《無門關》一書。淳祐六年（一二四六），慧開奉旨興建護國仁王寺。隔年，入朝起居奉旨，並於大旱奉召祈雨得雨，而被賜金襴衣，及敕「佛眼禪師」之號。

景定元年（一二六〇）三月二十八日，慧開向吳潛（一一九五至一二六二）丞相及諸府第朝士辭別。眾人問師：「何日離去」？慧開答說：「佛生日前去也」。四月一日，慧開命工匠砌塔，初六，詢問工匠工程完畢否？工匠言已完畢。初七，慧開親自前往看塔，後回方丈室自撰起龕語：

地水火風，夢幻泡影；七十八年，一彈指頃。孝子順孫休戀慕，八臂那吒攔不住。寶所在近，休戀化城。

慧開此語指出，七十八年的生命只是地水火風一彈指間的聚合，短暫虛妄如夢幻泡影一般，對虛妄的現實視若化城，毫無留戀。

慧開又起入塔語曰：

東西十萬，南北八千，到處去來，不如在此。此之描不成兮畫不就，贊不及兮休生受。本來面目露堂堂，外面風頭稍硬，歸來暖處商量。

法身遍界不曾藏，毒惡聲名播大唐。

又書偈辭世：「虛空不生，虛空不滅；證得虛空，虛空不別。」書偈完畢，跏趺而逝。

都知王太尉隨即敷奏，宋理宗賜錢三千貫並將其葬於護國靈洞山。著有《無門慧開禪詩語錄》二卷、《無門關》一卷；《無門關》一書，迄今仍盛行於世。《無門慧開禪詩語錄》之序對慧開生平評讚曰：

爭知這老漢一似太虛空，兩忘是非，何有慍喜。

遊戲如幻三昧，撈摝有緣眾生。

註三：《傳燈錄》又稱《燈錄》，指記載禪宗歷代傳法機緣的著作。燈或傳燈，意謂以法傳人，如燈火相傳，輾轉不滅。傳燈錄之作，最早出現於南北朝時代，輾轉至宋代達於極盛；爾後，元、明、清各代，傳燈錄之作續而不絕。

禪宗語要具收錄於各燈錄中，一般以宋代所著之五燈：《景德傳燈錄》、《天聖廣燈錄》、《建中靖國續燈錄》、《聯燈會要》、《嘉泰普燈錄》為代表。宋代尚有其他燈錄，如《傳燈玉英集》、《五燈會元補遺》、《五燈會元續略》等。

明本讀何燈錄？筆者認為該是《五燈會元》；因為，明本所讀內容未見於其他燈錄，唯《五燈會元．卷二》有相近的內容。

「爾時，文殊師利又問（庵提遮）曰：『頗有明知生而不生相，為生所留者不？』」此段出自《佛說長者女庵提遮師子吼了義經》，簡稱《庵提遮經》，經文是文殊向庵提遮（即庵摩羅女）提出問題；奇特的是，《五燈會元》卻將文殊與庵提遮的主客位置相互對調。

《五燈會元》是中國禪宗的一部史書，於南宋淳祐十二年（一二五二）由普濟編集，共二十卷。此書取自《景德傳燈錄》、《廣燈錄》、《續燈錄》、《聯燈會要》、《普燈錄要》等內容編集為一書，故稱「五燈會元」。其內容收錄過去七佛燈錄、西天二十七祖，東土六祖以下至南嶽下十七世德山子涓之法脈傳承、修行經歷及悟道的偈語等。南宋滅亡時，《五燈會元》版木為元兵燒毀，會稽韓莊節與太尉康里重刻。

第二章　續佛慧命

於妙言下，機旨洞契，妙以其克肖，書偈付之，師益自晦，未嘗以師道自任也。然而，玉在山、珠在淵，其光氣自不可掩。

紹隆佛種、續佛慧命的出家行，乃大丈夫之行，非帝王將相所易為……

剃度參禪於原妙門下

懷著疑惑的明本，經僧人明山指引，參叩西天目山的高峰原妙禪師。

西天目山位於浙江省臨安縣北，古稱「浮玉」；與東天目山兩峰並峙，因峰頂各有水池，清瑩如目，故稱天目山。西天目山山峰奇險，古木參天，清泉幽谷，景色宜人，遠離塵世，乃宜隱居修行之地。元代以後，因原妙與明本先後在此參修，西天目山也因此成為禪宗祖庭。

高峰原妙禪師（一二三八至一二九五），江蘇吳江人，俗姓徐。母親周氏，夢見僧侶乘舟投宿而懷孕。高峰剛離開襁褓，就喜歡結跏趺坐；遇見僧人入門化緣，就依戀不捨其離開。

高峰十五歲剃度，法名原妙，十六歲受戒，十八歲受業於嘉禾（今嘉興烏鎮）密印寺法住，學習天台教觀，但猶感不足。二十歲，前往湖南淨慈寺請益斷橋妙倫（一二〇一至一二六一）；斷橋令參「生從何來？死從何去？」進堂後，高峰為自己立下三年以求開悟之誓願。

高峰用功雖切，卻不得要領，因此改參叩雪巖祖欽（？至一二八七）。

高峰參叩雪巖，一見面，還未開口，雪巖舉手即一記當頭棒喝，高峰猝不及防，重重挨了一棒；尚未回過神，就被推出了門外。第二天，高峰便拿著香上山頂禮，又被一棒打出；第三天上山頂禮，雪巖終於開口要他參「無」字。爾後，雪巖一見高峰便逼問他：「阿誰拖你死屍來？阿誰拖你死屍來？」

此一對一的教學，因雪巖被邀至南明山佛日寺晉山而中斷，高峰也轉到徑山參禪。

一日，高峰在夢中憶起斷橋所舉「萬法歸一，一歸何處？」的話頭，頓發疑情，廢寢忘食地參究，日夜疑情不斷地提起交錯，功夫成片。第六天，提著疑情的高峰隨著眾人至祖師堂誦經，偶然抬頭看見五祖法演的真贊及兩旁的偈讚：

> 以相取相，都成幻妄；以真求真，轉見不親。見成公案，無事不辦。百年三萬六千日，翻覆元來是這漢！

高峰反覆咀嚼著這句偈語；忽然，虛空粉粹、大地平沉，雪巖的「死屍」謎底終於解開了！此時，高峰認為自己已經開悟，但未經印證，所以他又到南明找雪巖求證，雪巖卻未作任何表示。

某日，雪巖問高峰：「日常生活中，你可以作得了主？」高峰肯定地回答：「可以。」雪巖繼續問：「你在作夢之中，可以作得了主？」高峰更加篤定地說：「也可以。」雪巖再問：「正在睡眠中，沒有夢、也沒有知覺時，你的主人翁在哪裡？」

高峰這下被問得啞口無言，不知如何應對；當下，高峰明白自己並沒有徹底法源。破本參、透重關、砸牢關，看是相似，卻差之毫釐、失之千里；若非過來人，豈能瞭如指掌，看透之間差異。

宋度宗咸淳二年（一二六六），高峰自誓曰：「拚一生做個癡獃漢，決要遮一著子明白。」便入臨安龍鬚寺閉關。就這樣，高峰苦參了五年。

某日，同室道友不慎將枕頭推落墜地，「咚」的一聲，高峰聞響而徹悟。他欣喜地說：

如往泗州見大聖，遠客還故鄉，

元（原）來只是舊時人，不改舊時行履處。

悟道後的高峰，不是廣開法席，而是悟後起修，留在龍鬚寺共九年。其間生活極為清苦，縛柴為龕，風穿日炙，一年四季唯有一衣，冬不加，夏不減，每日用松葉加些糜黍搗和一食。

咸淳十年（一二七四），高峰至浙江武康雙髻山，開法接眾，一時學徒雲集。元世祖至元十六年（一二七九），南宋滅亡，高峰轉往天目山；至元十八年，於西天目山的獅子巖設「死關」（註一）苦修。

他開創獅子、大覺二剎，弟子數百人，受戒者及數萬；其間高峰頭陀行不變，髮長而不剃，衣破而不換，甚至斷絕給侍和衣服器用。洪喬祖即在〈高峰原妙禪師行狀〉中說：「絕給侍，屏服用，不澡身，不剃髮，截瓮為鐺，並日一食，晏如也。」

元成宗元貞元年（一二九五），高峰焚香說偈坐化，世壽五十八，僧臘四十三。諡號「普明廣濟禪師」，有《高峰妙禪師語錄》二卷行世。

據《中峰和尚廣錄．卷八》所載：「揭開天目，坐斷四關，峰高萬仞，險絕難攀。」這說明了，不單天目山險要、難以攀登，高峰原妙的禪風更是孤峻嚴冷，門風險絕難企，不假人辭色。《高峰原妙禪師行狀》中形容：「來者如登萬仞山，而躋冰崖雪磴，進無所依，退無所據，莫不凜然失其所執。」

是何等的甚深因緣，「峻冷」的高峰一見明本，卻甚為投緣。如《南嶽單傳記》中言：「沙門明山者，指師往參高峰妙和尚；妙峻冷不假人辭色，一見驩然，預為祝髮。」

至元二十三年（一二八六），明本二十四歲。為除心中之疑，他登上天目山獅子巖參叩高峰，首接高峰的「三關語」：

「大徹大悟的人，本已了脫生死，為什麼命根不斷？」高峰說出第一關語：「好死不如惡活。」明本立即答道。

「佛祖的公案，只是一個道理，為什麼有明、有不明？」高峰又下了第二關語；「明與不明，有何交涉！」明本應聲答道。

「大修行之人，當遵佛行，為什麼不守毗尼戒法？」高峰再下第三關語；「海闊憑魚躍，天高任鳥飛。」明本應畢。

據《高峰原妙禪師禪要》中的記載，三關語亦稱「室中三關」，為：「杲日當空，無所不照，因甚被片雲遮卻？人人有箇影子，寸步不離，因甚踏不著？盡大地是箇火坑，得何三昧，不被燒卻？」《高峰原妙禪師語錄》所記載的三關語則為：「大徹底人，本脫生死，因甚命根不斷？佛祖公案，只是一箇道理，因甚有明與不明？大修行人，當遵佛行，因甚不守毗尼？」《語錄》中將兩組三關語並列，稱為「室中垂語」。高峰自闢死關以來，天下慕名而來者甚多；高峰不勝其擾，因此立三關之語勘驗參叩者，下語中意者留，不中意者去。這三關語，將諸多參禪者拒之門外，能下語合高峰者屈指可數，而明本就在這屈指可數之內。

高峰主要以「萬法歸一，一歸何處？」的話頭教育弟子，其禪法和啟悟弟子的方法主要有「三關」、「三要」、「三戒」；從中可知，高峰除重視真參實悟的修行外，對身口意三業的行持也頗為重視。其在《高峰原妙禪師語錄》中清楚地記錄著：

> 三關語以驗學者，云：大徹底人，本脫生死，因甚命根不斷？佛祖公案，只是一個道理，因甚有明與不明？大修行人，當遵佛行，因甚不守毗尼？……若謂著實參禪，決須具足三要。第一要有大信根，明知此事，如靠一座須彌山。第二要有大憤志，如遇殺父冤讎，直欲便與一刀兩段。第三要有大疑情，如暗地做了一件極事，正在欲露未露之時。十二時中，果能具此三要，管取剋日成功。……示徒三戒：開口動舌，無益於人，戒之莫言；舉心動念，無

益於人，戒之莫起；舉足動步，無益於人，戒之莫行。

高峰認為，參禪要超越三界，要斷生死流，要具足三要——

一、信：禪宗之信，是相信眾生本來是佛，肯定人人皆具的自信。如《高峰原妙禪師語錄》中言：

> 殊不知有一所無盡寶藏，蘊在其中，若也拾得，百劫千生取之無盡，用之無竭。須知此藏不從外來，皆從你諸人一箇信字上發生。

人人本具之寶藏，取用無盡；而此寶藏從一個信字來，不從外得。

二、大憤志：參禪若要有所得，當如《高峰原妙禪師語錄》中言：

> 殺却心猿意馬，斷除妄想塵勞，如在急水灘頭泊舟相似。不顧危亡得失，人我是非，忘寢忘餐，絕思絕慮，晝三夜三，心心相次，念念相續，箚定腳頭，咬定牙關，牢牢把定繩頭，更不容絲毫走作。假使有人取你頭，除你手足，剜你心肝，乃至命終，誠不可捨。

亦即如高峰自述雙徑參禪過程：廢寢忘食，晝夜不分；動靜語默間，稠人廣眾中，如癡如兀，總是個一歸何處，更無異念。

三、大疑情：高峰認為「真疑不起，饒你坐破蒲團百千萬箇，依舊日午打三更。」疑情起時，要將全部的心念集中在這疑情上，如《高峰原妙禪師語錄》中言：

先將六情六識，四大五蘊，山河大地，萬象森羅，總鎔作一箇疑團，頓在目前。……如是行也只是箇疑團，坐也只是箇疑團，著衣喫飯也只是箇疑團，屙屎放尿也只是箇疑團，以至見聞覺知總只是箇疑團。疑來疑去，疑至省力處，便是得力處，不疑自疑，不舉自舉，從朝至暮，粘頭綴尾，打成一片。……一念不生，前後際斷，從茲塵勞頓息……纔有遮境界現前，即是到家之消息也。

亦即學人要將全部的心念集中在疑情上，山河大地、萬象森羅、著衣吃飯，所有的見聞覺知只是個疑情；從朝至暮，打成一片，經此過程，便得到家。

高峰走出死關時，詢問明本為何至今尚未圓頂，明本表示其父未曾允許。高峰聽罷，教導他說：「你可向你父親講述闍奢夜多尊者（註二）出家的因緣；你父親若同意，立即前來天目山，我為你落髮。」

明本拜別高峰，繼續精進修持。據《中峰行錄》言：

誦《金剛般若經》，至「荷擔如來」處，恍然開解，由是內外典籍皆達其義趣。而師自謂識量依通，非悟也。

《金剛經》中「荷擔如來」那一段經文如下：

是經有不可思議、不可稱量無邊功德，如來為發大乘者說，為發最上乘者說。若有人能持讀誦，廣為人說，如來悉知是人，悉見是人，皆得成就不可量、不可稱、無有邊、不可思議功德。如是人等，即為荷擔如來阿耨多羅三藐三菩提。

明本誦至「荷擔如來」處時，恍然開悟；從此以後，凡內外典籍皆能通達其義趣。但明本對此並不以為意，認為那只是第六意識的理解、認識力加強了，尚未達到證悟的境界。有一分功夫就說一分，有兩分功夫就老實面對自己只有兩分，這般不自我膨脹的修行是難得的。

至元二十四年（一二八七），明本二十五歲，得到其父親首肯，並受信女楊妙錫（註三）供養僧牒衣具。這一年，明本跟從山海翁再度登上天目山，正式於高峰原妙座下出家。翌年，受具足戒，別號「中峰」。出家後的明本執侍高峰禪師，一直留在死關。

獅子禪院死關前見道

〈大元普應國師道行碑〉記載著明本「死關」中的出家生活：「晝服力役，

夜事禪定，十年脅膚不沾席。」隨侍高峰的歲月中，明本白天盡心盡力地從事各種體力出坡，晚上則修習禪定，十餘年間脅不至席。

至元二十六年（一二八九），深得高峰賞識的明本二十七歲，擔任獅子禪院裡的重要職務——六知事（註四）之一的維那。

某天，明本觀察山中的流泉，忽然覺得頗有省悟，開悟的念頭在心中生起，便前往高峰處求證，卻被高峰棒打追趕而出。

有一分功夫說一分功夫，有二分功夫就老實面對自己的二分功夫，不難；難的是，如何勘驗悟境的深淺？機鋒交接，如同電光火石，或超出言詮，或反乎常理，個中況味惟師徒自知，外人實難解。

某時，民間誤傳朝廷要選童男、童女。明本因此詢問高峰：「如果有人來向和尚討取童男、童女，和尚當如何處理？」高峰說：「這有什麼難的，我但送個竹篦子給他。」（竹篦是一種竹棍，一頭完好，另一頭則劃破成數十瓣，磕地有聲，農村常用來怔嚇雞犬，古代可用作制敵兵器）當下，明本大徹大悟。高峰也寫了〈真贊〉付於他：「我相不思議，佛祖莫能識；獨許不肖兒，得見半邊鼻。」

受到印證的明本，如往常一般，誰也不知他已徹法源底、然自性光；然而，這總是掩藏不住的，只待乘性而起。如《補續高僧傳》言：

於妙言下，機旨洞契，妙以其克肖，書偈付之；師益自晦，未嘗以師道自任也。然而，玉在山、珠在淵，其光氣自不可掩。

高峰對明本這位徒弟是完全地肯定、器重。在明本徹法源底、堪為人天師表時，他即引導僧眾至明本處參禪，予以重任：「且俾參徒諸師請益，眾由此知歸。」此時，眾人才知明本大事已明。

高峰極為讚賞明本，據《中峰和尚行錄》言：

知歸淮僧子證嘗問高峰，諸弟子優劣？高峰曰：若初院主等一知半解，不道全無；如義首座固是根老竹，其如七曲八曲；惟本維那却是竿上林新篁，他日成材未易量也。

這段是說：某一回，一位名為子證的淮僧詢問高峰其弟子的優劣時，高峰就坦然說：明初院主，參禪也不是完全沒有收穫，只是一知半解；了義首座（註五）固然狀若老竹，奈何七曲八曲，唯欠風姿；只有明本維那，恰是新生之竹（嫩竹），他日成材，不可限量！

高峰患胃疾數年，元貞元年（一二九五），高峰特派吉上人到江西給明本送遺書，有意安排其任大覺正等禪寺（註六）住持一職，足見其對明本的期許。只是，明本志在習頭陀行，誓不入寺住持，因此推薦祖雍擔任大覺正等禪寺住持之位。

同年十一月二十六日，祖雍和明初來禮拜問安高峰，高峰便拿了兩幅畫像交於他倆，並付囑祖雍任大覺禪寺住持，明初任獅子院院主。

十二月一日，高峰向大眾辭別說：「西峰三十年妄談般若，罪犯彌天。末後一句，不敢累及平人，自領去也。大眾還有知落處者麼？」停了許久，又言：「毫釐有差，天地懸隔」。又書偈云：「來不入死關，去不出死關；鐵蛇鑽大海，撞倒須彌山。」書畢，安然入寂。明本與同門師兄弟遵照遺命，一起在死關為高峰建塔。

高峰的弟子百餘人，問法請益者達數萬人，嗣法弟子有中峰明本、斷崖了義、布衲祖雍、空中以假等人。

【註釋】

註一：高峰由西天目山再遷移至張公洞的石洞居住，並於洞口題上「死關」二字，以示從此不出此洞。張公洞位於獅子巖下方的千丈巖上，《西天目祖山志》形容千丈巖為「壁立千仞，俯視瞻悸」，《高峰原妙禪師語錄》中也說死關為「上溜下淖，風雨飄搖……洞非梯莫登，撤梯斷緣」，由此可知死關地理位置的險峻。高峰入死關的節操風範在後世廣被稱揚，如《無異元來禪師廣錄》中說：「天目山頭石作船，高峰大士居其巔；三十年瓔珞飯，至今人把清名傳。」《宗統編年》中也記載：「祖一關壁立於千仞雲霄之上，真風徧界，攀仰無從，此所以能支嘑沱欲倒之瀾，續少林面壁之旨。迄今三百年來，衰靡之極，猶有一線真機，存而未艾者，不可謂非祖持之力也。」

註二：闍奢夜多尊者，北天竺人。據《景德傳燈錄・卷二》所載，闍奢夜多尊者乃禪宗西天第二十祖，《付法藏因緣傳》卷六則載為第十九祖。出家前的闍奢夜多，見父母信奉三寶，卻坎坷多疾；鄰家為屠夫，造業不斷卻身健和合，遂生起不平之疑。後遇十九祖鳩摩羅多尊者，乃向之請益。鳩摩羅多尊者為其說因果罪福之事：善惡業報有過去、現在、未來三時之說；人們只看好人多難、惡人享福，便以為沒有因果報應；殊不知，業力是如影相隨，縱經百千劫，亦不消滅，惟其受業時間不定，有其先後。闍奢夜多遂解其惑，後跟隨鳩摩羅多尊者出家，嗣其法。闍奢夜多尊者學識淵博，化導無量，後至羅閱城（王舍城）敷揚頓教。當時之學風唯尚辯論，為首者名為婆修盤頭（Vasubandhu，又音譯為婆藪盤豆、筏蘇盤豆等，即「世親」）。婆修盤頭日僅一食，晝夜不臥，六時禮佛，清淨無慾，為眾所歸，師遂度化之。

闍奢夜多尊者入滅前，傳法於婆修盤頭，其付法偈曰：「言下合無生，同於法界性；若能如是解，通達事理竟。」付法之後，闍奢夜多尊者安然歸寂，世壽不詳。

註三：楊妙錫原為宋朝時宮人，信奉道教為女冠，居住於錢塘，與明本俗家為鄰。明本初動出家之念，家人反對。楊氏見明本器宇非凡，即供養出家所需並勸說其父令其出家。

據說，楊氏將明本出家時所祝之髮，少許裝在香函，供奉在靜室中。數年後，有五彩舍利於髮中生出，計五十幾顆。楊氏也由此因緣，改道為佛，落髮出家。

註四：六知事指禪林六職務：都寺、監寺、副寺、維那、典座、直歲。其司掌僧眾雜事、庶務，具有保護僧物之責，故須遴選順應諸僧心意、嚴持戒律、心存公正之賢者任之。

一、都寺：乃督管全寺庶務之職稱，為「都監寺」之略稱，又稱都管、都總。《敕修百丈清規》中記載：「古規惟設監院；後因寺廣眾多，添都寺以總庶務。早暮勤事香火，應接官員施主，會記簿書，出納錢穀，常令歲計有餘。」

二、監寺：總領僧眾之職稱，為一寺之監督，古稱監院、院主、主首、寺主；後為與住持之名區別，而改稱此名，一般俗稱為「當家」。據《禪苑清規》言：「監院須負責應對官吏、參辭謝賀、吉凶慶弔、探訪施主、借貸往還、籌計一寺歲用、備辦米麥醬醋等，乃至營辦年節各大齋會等。」

三、副寺：又稱庫頭、櫃頭、財帛，為職掌出納者，位在都寺之下，司掌寺內庶務之職，即管理日常之穀、錢、帛、米麥等之出入，職位低而任務重。

四、維那：「維那」二字係梵漢兼舉之詞。維，綱維，統理之義；那，為梵語 karma-dāna（音譯羯磨陀那）之略譯，意譯授事，即以諸雜事指授於人。維那又作都維那、堂司，舊稱悅眾、寺護，為寺中統理僧眾雜事之職僧。在禪宗裡，維那為掌理眾僧進退威儀之重要職稱；至於其他宗派，維那則為勤行法要之先導，掌理舉唱回向等事。

五、典座：禪林中負責大眾齋粥之職稱。隸屬於典座之下、受其使令之僧職包括：飯頭、粥頭、米頭、柴頭、園頭等。據《敕修百丈清規》中言：「典座職掌大眾之齋粥，一切供養務須淨潔，物料調配適當，且節用愛惜之。」

六、直歲：「直」，當值之義。禪宗寺院中，稱一年之間擔任幹事之職務者為直歲。本為負責接待客僧之職稱，在禪林中則為掌管一切雜事者。原值一年之務，故稱直歲；後演變為一月、半月或一日任其職，乃至不定其期限。據《敕修百丈清規》中言：「直歲之職掌範圍，舉凡殿堂寮舍損漏之修葺、雜物之管理、役作人力之編派、工程之稽查，乃至田園莊舍、碾磨碓坊、頭匹舟車、火燭盜賊、巡護防警等之差撥史令及賞罰等均屬之。」

註五：首座為一寺之首位，為眾僧之表儀者，又稱上座、首眾，為僧堂六頭首之一。六頭首為六班之頭首，乃禪林中司掌修行教育之六職。臨濟宗稱首座、書記、藏主、知客、庫頭、浴主等為六頭首。首座在叢林，與長老平分風月；在庵中，與庵主同展風儀。事在精勤，行存潔白，情忘憎愛，念絕是非，為十方儀範之所鍾，一眾道業之所繫。

註六：仰慕高峰原妙和尚道風者眾多，松江府（今上海市松江縣）兩浙運史的瞿霆發（字鴻沙）就是其中一位。至元二十八年（一二九一），瞿霆發入山瞻禮高峰，一見如故，毅然布施莊田供養大眾，卻被高峰拒絕。瞿霆發布施心彌堅，與僧眾們私下決議，在西天目山外建造寺院。二百七十頃的大覺正等禪寺，就在這樣的因緣下於岡脈形勢天造地設的蓮華（花）峰興建。至元二十九年（一二九二），在蓮華峰，自麓登山約十有五里的大覺寺成立，賜額大覺正等禪寺；內有五鳳樓、諸天閣、藏經可觀樓等，由祖雍權管寺事。

第三章　遊方弘化

實無而有之謂幻。鏡中像、水底月，豈有耶？謂其無，則昭昭影現，未嘗無也。山河大地諸色相等倚空而現，靡有一法不依幻而住者。

孤舟獨棹漂蕩於三江五湖，青燈黃卷暫住於松庵茅舍，頭陀真趣即在山林之間……

修頭陀行，居幻住庵

高峰圓寂後，明本即展開其遊化的生涯。元貞二年（一二九六），明本至杭州西湖東南的吳山（吳山是由紫陽、雲居、金地、清平、寶蓮、七寶、石佛、寶月、駱駝、娥眉等十幾個山頭形成，是「西南—東北」走向的弧形丘岡，俗名城隍山，又名胥山），建立了禪庵，稱雲居禪庵。

為紀念明本第一座興建的禪庵，元統二年（一三三四），前面曾提過的比丘尼楊妙錫，將她所收藏的明本剃度時的頭髮及所生的五十餘顆五彩舍利，送至雲居禪庵成為鎮庵之寶。

明本在吳山住了一陣子，又往吳門。第二年（一二九七）春天，到安徽皖山，秋天遊廬阜，冬天至金陵。明本前後十幾個月都棲隱於山林間。

大德三年（一二九九），明本來到弁山（也叫卞山，在浙江湖州城西北九公里，雄峙於太湖南岸，主峰名雲峰頂）。先在彬、澄兩位僧人的雲半間落腳，後在資福寺後面的黃沙坑結庵居住，取名「幻住庵」。幻住庵的名字由此開始聞名。

明本於〈弁山幻住菴記〉開宗明義就道出「幻住」之意：

實無而有之謂幻。鏡中像、水底月，豈有耶？謂其無，則昭昭影現，未嘗無也。山河大地諸色相等倚空而現，靡有一法不依幻而住者。

明本認為，所謂「幻」，即實無而有；就如鏡中像、水中月，是有？是無？說有，卻知倚空而現；說無，形象卻又清清楚楚。簡言之，山河大地諸色相等倚空而現，未有一法不依幻而住。

明本於弁山幻住庵開始傳授禪法，在〈湖州弁山幻住禪庵示眾〉中言：

儞若真實要洞明此一段大事，直須發大心、立大志，將平生見聞情解虛妄覺知之心拈向一壁，待他胸次中空、牢牢無依倚時，驀提起箇「崑崙騎象舞三臺」是甚麼道理？這裡須是把做一件無大極大底一等大事猛著精神與之廝捱，晝夜六時不得放舍。然參禪要具三種心：第一具大信心，第二具了生死心，第三具不退轉心；信得及則始終不惑，生死切則用心必至，不退轉則決定成就。三心既具，則十二時中無虛棄底工夫。

明本指出參禪除了要具種三心：大信心、了生死心和不退轉心外，更強調要明白參禪此大事，需發大心、立大志，將平生見聞覺知全部放下，單提一個參究的話頭——例如「崑崙騎象舞三臺」（註一），密密參究，晝夜不忘其話頭，終有大悟之日。

明本進一步說明居住幻住庵該有的態度：

三世佛幻也，歷代祖幻也，菩提與煩惱、生死及涅槃俱幻也。爾其未證斯幻無義味話，堅豎脊梁，緊握空拳，慎勿輕放。外而行乞，內而執事，中而宴坐，不見有閑忙動靜之相，猛策痛鞭，以悟為則。如是受者，雖幕天席地，誰無此庵？不如是受，雖峻宇雕牆，誰有此庵？當知明暗色空同一幻住。

明本指出，三世諸佛、歷代祖師，菩提與煩惱、生死及涅槃皆是幻化；尚未證得此幻化之境界者，當精進不懈，不管外行乞或內執事或宴坐，皆當猛策痛鞭以證悟為重。若能如此，即使處於無所遮蔽的野外空地，也有用功之處；

若非如此，縱有峻宇雕牆，誰又能安居此庵？當知明暗色空都是幻化，自能無處不可幻住。

大德四年（一三〇〇），明本再度回到吳中（今蘇州），見閶門之西五餘里地，松檜茂密成林，甚是幽靜；詢問當地人此地何名，得知為「雁蕩」。明本歡喜地表示：「永嘉有雁蕩山，乃諾矩羅（註二）示現之處；此地與之同名，般若之法當要興盛了。」陸德潤聞其言，供養布施松岡數畝（蘇州市城西），建幻住庵。

其間問道者頗多，乃創精舍，結草廬三間。據傳，建庵時，僧俗一起出力：馮海粟爍泥、趙孟頫搬運、明本親自塗壁，趙孟頫更題匾額為「棲雲」。

建成之後，弟子們請明本為庵寺取名，明本又取名為「幻住庵」，並說明原因：

二千年外，大覺世尊棄王位，臥深雪，夜睹明星，與無邊有情同時涉入如幻三昧。嗟乎！眾生迨今沉酣情妄而不自知；我曹出家，雖依此如幻三昧而住，亦有所未悟者。宜以「幻住」名之，可乎？

明本說明，一切萬法皆如夢幻，眾生沉迷，毫不自知；出家之人，雖依此如幻三昧（註三）而住，卻仍不能如實了知如幻境界，因而當以「幻住」為名。

明本在此「幻住庵」居住了三年，學禪者蜂擁而至，成為一個重要的禪修傳法道場。明代宋濂（一三一〇至一三八一）於《吳門重建幻住庵記》中就提到：「當是時，若南詔之無照鑑、西江之定叟泰、荊南之鉄印權、冀北之指堂月，號為一時麟鳳，咸集輪下，幻住之名籍籍於四方矣。」

明本無論身隱山林或泊船中，或是居於止庵室，皆為實踐著他「習頭陀行，做本色道人」的志向；他將所居之處取名為「幻住庵」，也是為提醒自己及弟子們：尚未證得幻化之境界者，當痛為生死，潛心修持。其在〈示成上人卓庵〉中明白地說：

古人以己事未即明了，往往結草為菴，作自了活計。初未嘗有所為於世間，以日用處隨緣自遣，或栽田，或種畬，或草衣……三十年二十年目視雲漢，不與世接……乃至種種作用，其孤風凜然，聳動觀聽一段孤明照映千古，亦皆不期然而然也。

明本勸勉學人，住庵只為明心見性。古來大德結庵而住，只為開悟之事而忙，不論弘法之事，只是隨緣生活，或刀耕火種，或簡單穿著，往往二、三十年的歲月裡不和世人有所接觸……

然而，隨著社會風氣的敗壞，人心的墮落，明本也感嘆著指出住庵者風氣的轉變：

自此以降，世道日微，人心日薄，即此住菴之風轉為偷安逸居之計。只圖禮法不相拘束，藂林不相縛繫，要眠便眠，要走便走，日滋月浸變為自在外道，不特無補於道……引起世間百千萬種顛倒差別，復墮流俗者多。

明本認為，住庵者轉為只為貪圖安逸，只求不受叢林法規的束縛，想睡就睡，想走就走，日復一日，變為自在外道，對道業毫無助益；如此只增加世間千萬種的顛倒看法，墮落流俗者徒增。

《中峰和尚廣錄．東語西話》中記載：「甲辰歸守先師塔，乙巳冬領師子院事。」亦即明本於大德八年（一三〇四）返回天目山，為先師高峰原妙守塔；大德九年（一三〇五）冬，住持獅子禪院。（註四）不過，據〈中峰行錄〉則云：「乙巳師還山廬高峯塔，丙午領師子院。」乙巳是大德九年，丙午是大德十年（一三〇六）；換言之，《廣錄》和〈行錄〉中的年分記載相差了一年。

返回天目山後，明本弘法的區域自然也就以天目山為主，這也使得天目山在江南禪宗的地位日益提升。

獅子禪院是明本一生中唯一住持過的寺院。至大元年（一三〇八）冬天，明本辭去住持之位，再度隱遁山林江河之間。

至大二年（一三〇九），明本預備朝禮五臺山。至淮陽時，道路阻隔而返至儀真（今江蘇揚州附近），過著船居生活。至大三年，受眾人之邀請，再度回到天目山。

至大四年，又船居於吳江；陳子聰建順心庵，請明本開山說法。元代學者鄭元祐（一二九二至一三六四）所著《僑吳集．簡村順心禪庵記》詳細記載此庵建造過程：

普應國師道振東南時，所至為寶坊，一切棄弗居。顧尋山崖水阻，草棲浪宿，以自遁逃其聲光，吳江簡村在震澤東南陲，土腴而勢阻。由垂虹橋望之，其烟林聚落可指顧間也。比丘理悟再世有其地，可三頃餘，草苫田廬，僅庇風雨。悟未祝髮時，嘗一再延國師居之，俾之安禪而卻掃。蓋悟雖生長大家，而實心慕空宗。未幾，徒步登天目從國師剃落，爰即是為順心禪庵，而實徼師悲願道力開創。

明本居住順心庵時，有道士洞元前來問法，後由道教轉入佛門，但不幸染病身亡；此時，又有守一愚、弘古道兩位僧人相繼去逝。明本因此因緣，開示弟子們（《廣錄．卷一上》）：

須將自己所未了底一段大事橫在目前，努力參取。所以古人云：參禪一著，要辭生死，不是說了便休。

明本居住在順心庵，念茲在茲，惟為生死大事，也勸勉學人提起話頭，就該密密不間斷地用功，一切只為「一著子明白」，只為「取箇倒斷」，莫錯用心了。並提醒眾人，該於無病無痛時，討取箇倒斷。如《天目明本禪師雜錄．結夏示順心庵眾》所云：

本色道流，自最初一念，要決了生死無常大事之頃，此足於是而禁，此夏由之而結，以盡平生歲月……必期與此事覿體相應。……今日庵居十餘眾，各各是知有此事者，不肯自孤負自埋沒，況當此法歲甫臨之頃，乘時奮起一片，決定不退轉，猛利無間，真實身心單單提起箇無義味話頭。自最初一日立定腳頭，不得分毫移動，密密與之做向前去……遞相警策，彼此琢磨，不雜緣，不妄念。不隨物轉，不逐境移……單單只要己躬下一著子明白。

諸人聚首於此，各各有一則不了公案。藏之肺肝甚非小緣，十二時中莫錯用心好。……只如諸人各各胸中自有一本古清規，且不要犯他苗稼。

今日既肯發此最初真心，高棲窮寒之頂，恨不得延一日光陰為十日，立定腳頭做去；凡見日落山時，深生嘆惜，又過了一日也。道業未辨，眼光落地，畢竟將何酬報佛祖檀越？直待手忙腳亂，何不趁今日病未及體時，早討取箇倒斷……

明本結束順心庵的隱遁生活後，便渡江北上遊訪少林寺，並隱姓埋名，至吳汳（在今開封一帶）城隅偏僻處租了一間土屋居住；然而，僧俗爭相瞻禮。

皇慶元年（一三一二），結庵於廬洲（治所在今安徽合肥）六安山，不久又到東海州。第二年，瞿霆發之子瞿時學邀請他主持大覺寺，他薦舉首座永泰禪師任之。

換言之，常年草棲浪宿，奔波於江南各地的明本，每到一處，都受到僧俗信徒的虔誠供養，由此建立起一個個傳法基地；在江南一帶尤其形成很大影響，受其度化者不可計數，因此被稱為「江南古佛」。如《五燈會元續略》中云：

師居無定所，或船或庵，榜以幻住；僧俗爭相瞻禮，皆手額曰「江南古佛」。

而元代學士宋本（一二八一至一三三四）也根據自己的見聞，於〈有元普應國師道行碑〉描述了當時的情況：「余嘗使江南，聞師（指明本）所至，四眾傾慕，香茗金幣，拜立供養，悉成寶坊。」

遠離名剎住持之大位

明本「不住持名剎，隱居山林，韜光養晦」的個性，早在跟隨高峰於西天目山潛修時就可看出端倪。明本得法以後，效仿先師隱居苦修的家風，放棄多次就任大山名剎的機會；例如，前後三次拒絕住持大覺禪寺。

第一次，元貞元年（一二九五），由《中峰和尚廣錄》的「送吉上人之江南下高峰和尚遺書」中可知，高峰遷化前，有意安排明本任大覺禪寺之住持，但是明本沒有接受，而是推薦首座布衲祖雍擔任。

第二次，大德六年（一三〇二），瞿霆發邀請明本住持大覺禪寺，隔年，明本送布衲祖雍回大覺禪寺，自己避走南徐（在今江蘇鎮江）。第三次，皇慶二年（一三一三），瞿霆發去世，明本回山弔唁，其子瞿時學奉宣政院疏，再度邀請明本住持大覺寺，明本推薦首座大覺永泰出任。

大覺寺為明本的師父高峰和尚所開山創立，而明本卻推薦嗣法於一山了萬（?至一三一三）的大覺永泰出任；由此可看出，明本不為門戶之見所囿的氣度，以及其以大覺寺作為十方叢林（註五）之風範。大覺永泰因而有意改嗣於明本；明本不循世俗之請，以書信回絕，令其繼續承嗣一山了萬，並曉以大義。在《中峰和尚廣錄．書問之與大覺長老》中詳細記載此過程：

> 某與足下納交十六年，彼此心懷洞然明白。豈意足下不諒愚情，反欲相及，何臨事翻覆若此耶？古人於法嗣嫡傳，所以深明宗系者，大法源委不可誣也。世漓俗薄，奉金請拂，以院易嗣者有之，某嘗痛心於此。夫大覺雖先師開山，然十方叢林，儘有尊宿，捨彼不取，而必欲某尸之，何識量之不廣也？某非畏住持，實畏嗣法於開山也；故退避力辭，而舉足下為之主政。以足下自師一山禪師，豈可苟徇世俗而易其所師哉？

明本認為，法嗣傳承是禪法授受的標誌，不可錯亂；也表示對奉金請佛

（以金錢而得到嗣法之認可）、以院易嗣（為了出任寺院住持而隨意改變自己的嗣法派系）的行徑痛心不已。然而，有幾人能如此清明？明本禪師實堪為後世之楷模！

皇慶二年（一三一三），江浙行省丞相脫歡延請明本至私宅，懇請他住持靈隱禪寺，但明本堅決拒絕，於《明本禪師雜錄．辭住院》中明白地說：「千金難買一身閒，誰肯將身如鬧籃；寄語滿城諸宰相，鐵枷自有愛人擔。」他說，再多的錢財名位難買隱居山林、安居參禪清閒自在之日，誰願意身在熱鬧多事的道場中？並進一步說（〈中峰和尚行錄〉）：

> 夫住持者須具三種力，庶不敗事。三種力者：一道力、二緣力、三智力。道，體也；緣、智，用也。有其體而闕其用，尚可為之；但化權不周，事儀不備耳。使道體既虧，便神異無筭（算），雖緣與智亦奚為哉！或體、用並闕，而冒焉居之，曰因曰果寧無慊於中乎！某無其實，故不敢尸其名。

住持須具道力、緣力及智力。道力是體，緣、智二力是用。有體缺緣、智，尚可成事，唯權巧度化恐難以周全；然而，如果道體有所不足，縱然有百千神異的能耐，又能奈何？進而，如果三力皆缺乏，卻貿然上任，若無因果也就罷了；若有因果，豈能安然自滿於其中？明本謙稱自己實無此三力，所以不敢素位尸餐。

其間不少人寫信來勸說。如〈中峰和尚行錄〉中記載：「中書平章又請曰：『師之道德孚於人者博矣，宜順時緣，住一剎，以恢張佛祖建立之心，無多讓也。』」趙孟頫致中峰和尚〈暫還帖〉中，也勸請明本接受靈隱寺住持一職：

吾師住六安山中，道似安穩，甚慰；但俗境相驅迫，固不得不爾。然佛菩薩用心，恐未必如此逃避也。世事如雲，可撥遣即撥遣，不可撥遣亦隨緣而已，何必爾耶？此亦吾師所了，迨是代吾師自說法耳。如愚見以為，不如且還浙間，亦省事清心之一端。尊見以為如何？

至治二年（一三二二），宣政院虛徑山席，強請明本住持，明本寫信再度拒絕。

是怎樣的原因，讓人人趨之若鶩的住持大位，在明本眼中卻成敝屣並一而再地拒絕？其實，早在元貞元年（一二九五），高峰有意安排明本任大覺正等禪寺住持一職時，明本就清楚地表明志在習頭陀行，誓不入寺住持。甚至，明本在六十歲時又說：「余初心出家，志在草衣垢面，習頭陀行。……平昔惟慕退休，非矯世絕俗，使坐膺信施，乃岌岌不自安也。」（《廣錄．卷十八》）由此可知，明本深愛隱居山林、清淨禪修的性格實是支持、影響他一路來拒絕住持名山大剎的主因。

亦有人認為，明本之所以拒絕住持名山大剎，或許與元代之「崇教抑禪」有關。

元代可謂是中國歷史上少有的極端尊崇佛教的朝代之一；清代《元史．釋老傳》中就說：「元興，崇尚釋氏，而帝師之盛，尤不可與古昔同語。」據《元史．世祖紀十三》言，治元二十八年（一二九一），宣政院統計，天下寺宇有四萬二千三百一十八所，僧尼二十一萬三千一百四十八人。

由於僧尼激增，元朝頒贈各寺院土地，以維持僧尼生活；例如，世祖於中統二年（一二六一）賜慶壽寺五百頃，成宗於大德五年（一三〇一）賜興教寺百頃、乾元寺九十頃、萬安寺六百頃，仁宗於皇慶元年（一三一二）賜崇福寺河南官地百頃……其餘不勝枚舉。元朝對佛教之維護，於此可見矣。

元初，受政治因素影響，禪宗在北方確實曾經一度興盛。在北方，元朝流行的臨濟禪法以海雲印簡（一二〇二至一二五七）為代表。在佛法上，海雲是明代三教合一思想的先河；在政治上，海雲是漢地佛教僧人中與蒙古貴族建立密切關係的第一人。他曾晉見窩闊臺（一一八六至一二四一）；蒙哥（一二〇九至一二五九）封其領天下掌釋教事，忽必烈（一二一五至一二九四）則尊他為國師；其弟子劉秉忠（一二一六至一二七四）為忽必烈重要幕僚，對臨濟宗在北方的發展更起了關鍵性的作用。至大二年（一三〇九），武宗賜海雲「臨濟正宗」玉印，並命趙孟頫撰〈臨濟正宗碑〉以記此事。

另外，曹洞宗的萬松行秀（一一六六至一二四六）及嗣法弟子雪庭福裕（一二〇三至一二七五）、林泉從倫（一二二三至一二八一）、耶律楚材（一一九〇至一二四四）等也受到國家認可，積極弘揚曹洞宗禪法。

簡言之，元初，在北方，不論是曹洞宗還是臨濟宗，都與政府保持著密切的關係。然而，朝廷的宗教政策，深深影響著宗教的興衰；當元朝採「崇教抑禪」政策後，北方禪宗即一蹶不振。

至元二十五年（一二八八），江淮釋教都總統楊璉真伽召集江南禪門、教下僧侶至燕京（即今北京），公開辯論教禪優劣，史稱「教禪廷辯」。（另一說是召集江南教、禪、律三宗諸山至燕京問法）代表禪宗的是徑山雲峰妙高禪師（一二一九至一二九三），代表教門的有天台宗的上竺和唯識宗的仙林等人。

據《佛祖歷代通載》記載：

聖旨問，講何經？答云：《法華經》。次問，仙林講何經？奏云：《百法論》。即就退位而立。引問徑山雲峰和上云：禪以何為宗？奏對云：禪也者，淨智妙圓，體本空寂；復奏云：非見聞覺知之所可知，非思量分別之所能解。又傳聖旨令更說，復奏云：禪之為宗，西天四七唐土二三，自迦葉付之阿難……始從鹿野苑終至跋提河，於是二中間未嘗談一字。既是四十九年說法，因甚麼不談一字？正恐後人滯於名相不離知解。所謂不談一字者，熾然常說，以無說之說，是名真說。……達磨西來不立文字，直指人心見性成佛，傳此心也，印此法也。

奉聖訓垂問曰云：那講主看他長老所說教外別傳底，是耶？非耶？上竺出對云：是、是。又仙林出云：南方眾生多是說謊，所以達磨西來不立文字，正恐伶俐的，說謊貪著語言文字，故有直指之語。仙林云：始從鹿野苑終至跋提河，於是二中間未嘗談一字；既是不談一字，五千餘卷自何而來？……又奉聖旨云：俺也知爾是上乘法；但得法底人，入水不溺、入火不燒，於熱油鍋中教坐，汝還敢麼……奏云：此是神通三昧，我此法中無如是事。林云：道不敢，便是輸。

對教下的僧人，朝廷只是象徵性地詢問平時宣講何經，便讓他們退站一邊；對宗門的妙高禪師，卻前後三次問難。第一次傳聖旨問：禪以何為宗？妙高大談禪是淨智妙圓、體本空寂；禪非見聞覺知所可知，非思量分別所能解；更說禪宗是由西天二十八祖至東土六祖遞相傳授，並強調釋迦牟尼佛四十九年從證悟成佛到最後涅槃，中間未曾說一字；以無說之說，方為真說法；最後又談到達磨不立文字、教外別傳的思想特色。

接著，世祖請講主們針對妙高禪師所說的教外別傳提出看法。唯識宗的仙林不客氣地說：南方眾生都在說謊，達磨西來不立文字，正是最大的謊言；四十九年未曾說一字，五千餘卷的經文又從何而來？世祖又像是強人所難地對妙高說：我知道你是大乘人，但得法的人是能入水不溺、入火不燒，於熱油鍋中能安然入坐，你敢入座？妙高說：此是神通三昧，禪宗法裡並無此事。仙林趁勢說：不敢，便是輸。

此次的教禪廷辯，以「教勝禪敗」結束。

經過教禪廷辯，統治者繼續推行崇教抑禪政策，對佛教的「教」——唯識宗、天台宗、華嚴宗給予諸多殊榮，對於唯識宗的僧人尤為重視。江南禪師笑隱大訢就說：「國朝以仁慈為政，薦尚佛教，又益信慈恩之學。」不單唯識宗的僧人雲巖至德、吉祥普喜被選為講主，雲巖至德還被忽必烈親自召見，賜予紫方袍，命住持天禧、旌忠兩大寺院。

崇教抑禪的政策深深影響著禪宗的發展；直到元世祖去世後（一二九四），

此不平等對待的情況才得以緩解。

至於對江南禪宗，朝廷則採抑制態度。至元二十五年（一二八八），世祖忽必烈以江南教下不興盛為由，選派北方各教下的名僧到江南開講，設立御講三十六所，此對江南禪林發生一定的影響；例如，臨江的大天寧寺易禪為教，轉以唯識論為宗。後又因「崇教抑禪」政策及「人口四等」分類，更造成了江南禪宗的衰落，進而出現了明顯的分化。

南方禪宗大都屬臨濟宗，分別出自虎丘紹隆（一〇七八至一一三六）和大慧宗杲（一〇八九至一一六三）兩系。宗杲弟子育王德光（一一二一至一二〇三）之後，出現了妙峰之善（一一五二至一二三五）和北磵居簡（一一六四至一二四六）兩支。紹隆的再傳弟子密庵咸傑（一一一八至一一八六）之後，出現了松源崇嶽（一一三二至一二〇二）和破庵祖先（一一三六至一二一一）兩支。這四支構成了南方臨濟宗的四大主流：之善系、居簡系、崇嶽系、祖先系。

南方臨濟宗四大主流中，有的積極與朝廷往來，住持名山大剎，權貴顯赫，如之善系的元搜行端（一二五五至一三四一）、居簡系的笑隱大訢（一二八四至一三四四）、崇嶽系的古林清茂（一二六二至一三二九）、曇芳守忠（一二七五至一三四八）等人；有的疏遠朝廷，修行於山林，如祖先系的高峰原妙、中峰明本、無見先睹（一二六五至一三三四）。

宋本在〈有元普應國師道行碑〉中便說，高峰是因「崇教抑禪」政策而入死關：

妙於欽諸子得法最先，而其道最為卓絕；後登天目之西峰，見其山高林深，便卓錫巖石下，書石作死關而居之，閱暑寒十七年不跬步出關外。方是時尊教抑禪，欽由江右召至錢塘授密戒，妙方遺世孑立，身巢巖扃，目瞪雲漢，何止空四海於一睫也哉！

宋本認為高峰是因為「方是時尊教抑禪」，不得已才「遺世孑立，身巢巖扃」；不過，以時間來推算，宋本所言是有待商榷的。至元十六年（一二七九），高峰登上西天目山，至元十八年（一二八一）入死關；而「崇教抑禪」、設立「御講三十六所」等政策，皆是至元二十五年（一二八八）才開始。因此，高峰入死關的原因，斷非是因「崇教抑禪」的政策。

那麼，高峰為何要入死關呢？據明本在《中峰和尚廣錄・一華五葉序》言：

先師枯槁身心於巖穴之下，畢世不改其操。人或高之，必蹙頞以告之曰：「此吾定分，使拘此行。欲矯世逆俗，則罪何可逃？」余竊聆其說，私有所得。

依據明本這段記載可知，當時有人對高峰入死關的行徑甚為尊崇，認為其是匡救時弊、糾正風氣；但是，高峰否定這樣的推崇。他認為，入死關只是符合自己出家修行人的本分而已；換言之，入死關、勵志苦修，只是為完成出家修行以了脫生死的目的。

高峰的行誼自然也影響著明本，自始自終與官府保持著距離，一生隱遁於山林，為完成出家修行、了脫生死的目的勵志苦修。

【註釋】

註一：據紀華傳《江南古佛——中峰明本與元代禪宗》所言，「崑崙騎象舞三臺」指的是雪景。因明本此次說法的時間是在冬天；由此可知，明本善於以生活中的情景啟悟弟子。

註二：諾矩羅（Nakula，又作諾矩那），為十八羅漢之一。清代乾隆皇帝所欽定的十八羅漢分別是：賓度羅跋囉惰闍、迦諾迦伐蹉、迦諾迦跋厘惰闍、蘇頻陀、諾距羅、跋陀羅、迦理迦、伐闍羅弗多羅、戍博迦、半託迦、羅怙羅、那伽犀那、因揭陀、伐那婆斯、阿氏多、注荼半託迦、迦葉波尊者、梅呾利耶尊者、彌勒尊者。

諾矩羅或指唐代和尚，俗名羅堯運，眉州青神（四川省青神縣）人。一說是外國和尚，東晉時領幾百弟子來中國，居住在雁蕩山。唐僧貫休（八三二至九一二）為《諾矩羅贊》中有「雁蕩經行雲漠漠，龍湫宴坐雨濛濛」之句；宋代沈括（一〇三一至一〇九五）所寫的《夢溪筆談》中亦言：「阿羅漢諾矩羅居震旦東南大海際雁蕩山芙蓉峰。」

註三：如幻三昧，指通達一切諸法如幻之理的三昧。住此三昧的菩薩，除得了知一切諸法如幻之理，更能以如幻三昧之力無所拘礙地廣度眾生，化用自在，且不執著度化眾生之相。如《大智度論》云：「如幻三昧者，如幻人一處住，所作幻事遍滿世界，所謂四種兵眾、宮殿、城郭、飲食、歌舞、殺活憂苦等。菩薩亦如是，住是三昧中能於十方世界變化遍滿其中。」

佛陀於《圓覺經》云：

善男子，一切菩薩及末世眾生，應當遠離一切幻化虛妄境界。由堅執持遠離心故，心如幻者，亦復遠離；遠離為幻，亦復遠離；離遠離幻，亦復遠離；得無所離，即除諸幻。……善男子！知離即幻，不作方便；離幻即覺，亦無漸次。一切菩薩及末世眾生依此修行，如是乃能永離諸幻。

《圓覺經》此處所說的修行方法，便似如幻三昧法門；此法門能令行者覺悟世界一切事相皆如幻如化，且遠離此幻化境界。如《華嚴經》云：善男子！我等證得菩薩解脫，名為幻住。以斯淨智，觀諸世間皆幻住；因緣生故，一切眾生皆幻住。

此外，亦有西晉竺法護所譯之《佛說如幻三昧經》傳世。

註四：至元十六年（一二七九），高峰於杭州天目山西峰的獅子巖結茅蓬居住；至元二十年（一二八三），洪喬祖捐獻田地五十畝以興建獅子禪院。此院崖洞幽奇、松石靈怪，在西天目山獅子巖之左。

至元二十四年（一二八七），獅子院落成，眾師請高峰開堂；高峰未出死關，於死關中舉行開堂示眾。依《高峰妙禪師語錄》記載：「至元丁亥冬，眾請師開堂，遂就石室內拈香祝聖。」爾後，相繼建成圓通殿，以及僧堂、庫院、明樓等建築，成為高峰、明本等的重要傳法道場。延祐五年（一三一八，《西天目祖山志・卷二》言延祐七年）賜額，改獅子禪院為獅子正宗禪寺，詔翰林學士趙孟頫撰碑。

註五：據《佛光大辭典》解釋，叢林通常指禪宗寺院，所以又稱禪林；佛門以芳香之栴檀樹林比喻佛門龍象所住之清淨叢林，故亦稱栴檀林。後來，教、律等各宗寺院亦仿照禪林制度而稱叢林。叢林之中，寺產一切歸公，且依一定規矩可接受十方來住之僧眾掛單，其住持人選亦經僧眾推選來自十方之合適者出任，故叢林又可稱為「十方叢林」。另有所謂「子孫叢林」，又稱法門叢林、子孫常住、子孫廟、子孫寺。

子孫叢林使用世襲制，係由自身所度之弟子依序傳承；此種寺廟為本寺剃度僧人的私有財產，住持也必須由內部選出。

第四章　痛失眼目

三十年間師子絃，希聲震動乎大千；
餘音一夜變為哭，天地草木同悽然。

水月道場處處建，空花佛事時時做。生是死的延續，死是生的轉換；生也未曾生，死也為曾死。生死一如，何足憂喜……

天目幻住庵入寂捨報

大德十年冬，明本曾短暫住持獅子禪院；延祐元年（一三一四），明本再度住持獅子院，但一年後又結庵大窩。明本晚年的時間（一三一四至一三二三），幾乎皆居住在西天目山的幻住庵；除了兩次躲避宣政院（註一）官員，短暫居住於丹陽大同庵和中佳山幻住庵外，其餘時間皆在天目山的幻住庵度過。據《西天目祖山志》的記載，西天目山幻住庵乃是位於圓通庵下、西方庵上。

延祐三年（一三一六），朝廷命宣政院使整頓佛教。朝廷官員到達杭州時，準備上天目山拜謁明本請益；聞此消息，明本便離山而往鎮江。隔年，丹陽蔣善秉為明本建大同庵。據《中峰和尚廣錄．卷二十二》中言：「大同菴，乃丹陽羣菴居士蔣公善秉為幻住老杜多之所建也。公世居桐村，菴距村之北三里許，素有結菴之志，今適遂焉，實延祐四年春正月也。」（另一說為，大同庵於延祐三年冬建成）

事師至孝的明本，不管身在何處，每逢高峰的忌日，都要拈香祭拜，以酬謝法乳之恩。大同庵新建落成時，適逢十二月一日，也正好是高峰忌日，明本依例設案祭拜拈香。《中峰和尚廣錄．卷一》中記錄著：「臘月初一日，老和尚遠忌，新建大同菴，也要効年例。曇華處處開，狹路難回避，如是展家風，曾不離世諦，且如何是物外相看底句？年年燒此一爐香，白雲不在青山外。」《中峰和尚廣錄．卷二十二．大同庵記》中，詳細地記載「大同」庵的意思：

所謂大同者也，原夫迦文之鷲嶺，飲光之雞足，達磨之熊峯，懶融之牛首，雖後先千餘載，其步驟標致，詳略不同，要其所歸，乃所以大同也。豈惟佛祖然，淨法界性，在天同天，在人同人，在物同物。至若三教九流之雄唱，百氏諸子之玄談，與夫長岡之松風，野田之麥浪；暮雲接遠山之色，疾雷振大江之聲。六戶未扃，一榻危坐；青燈不夜，古鏡無塵；耿耿禪光，照映今古；非動非寂，無自無他；了不知其同而無往不同也。昔毗耶離城淨名居士，弘不思議解脫神力，嘗以一默與三萬二千開士同入不二法門。迨今間不容髮，今譯老龐之無別，翻毗耶之不二，證斯菴之大同。

明本認為，修行可於不同處所、乃至選擇不同法門，但目的仍是一致（大同）的。如釋迦如來的靈鷲山、迦葉（飲光）尊者的雞足山、達磨（摩）祖師的熊耳山、法融法師的牛頭山、及現今的大同庵，其修行地點雖不一，但目的皆歸向「大同」——此「大同」就是清淨佛性，是在天同天、在人同人、在物同物，毫無差別。乃至淨名居士（註二）弘揚的不思議解脫法門，也是為證入此不二的大同。

延祐四年（一三一七），明本於大同庵完成了《幻住清規》。清規，是禪宗寺院針對大眾行、住、坐、臥等威儀所定之規範，為叢林僧眾所必須遵守之儀則。「清」，為清淨大海眾之略稱；「規」，為規矩準繩之意。期望所立之儀規能清淨大眾，故稱清規。由此可知明本對住眾的用心及期許。其著述《幻住清規》的動機，清楚地記載在序文中：

嗟乎！人心之不軌道久矣，半千載前已嘗瓦解。百丈起為叢林以救之，迨今不能無弊。今菴居處眾固不敢效叢林禮法，而日用又不可破規裂矩；勉置須知一編，列為十門，為主伴交參之標準。自成一家之規，非敢與大方共也。

延祐五年（一三一八），受大眾之請，明本又回到天目山。至治二年（一三二二），明本六十歲，杭州徑山興盛萬壽禪寺（興盛萬壽禪寺與靈隱禪寺為南宋以來，江南五山十剎之首）住持一位懸空，宣政院預請明本前往就任；明本回信拒絕，往佳山結庵。

佳山在西天目山之北三十里，林密徑險，崖峻澗重，且豺虎出沒其中；然而，欲向明本習禪者絡繹不絕。眾多弟子不論僧俗，每日結隊前來，早晚參叩，竟無虛日；明本悲愍弟子們跋涉之苦，不久後又回到天目山幻住庵。

至治二年（一三二二）春天，天目山的氣候顯得特別乾冷，山中大樹皆摧折；霜雪沾於樹木而結冰，形成「木稼」（註三），似乎暗示著天目山即將有人要離世了。

雖不建水月道場，但空花佛事還是要做；尤其是預知時日，自我的佛事更該安排。至治三年（一三二三）春天，明本在自述六十年的人生經歷後提及「幻跡方將……」，似乎就在暗示著自己大限即將來到。其間，他見禪者作務於田間，便言：「汝種蔬欲為誰虀耶？」見禪者於大寮典座也問：「汝負春，欲為誰炊耶？」在在暗示著即將捨世。明本說（《廣錄．卷十八》）：

> 幻跡方將……余初心出家，志在草衣垢面，習頭陀行，以冒服田衣，乃抱終身之愧。且文字失於學問，參究缺於悟明，尋常為好事者所稱，蓋報緣之偶然耳。……古人有五十而知四十九之非，今余六十返思往事，大率情妄所蔽，何有當於理哉？

明本提起自己出家的初發心：我剛出家時，就志於草衣垢面，習頭陀之行（註四）；今空披袈裟，實在終身有愧。於文，則學問不深；於禪，又尚未透徹。此生能為人所稱讚，也是業緣果報之感。古人有言，五十而知四十九之非；我今已六十，憶起過往之事，大皆情妄所蔽，又有什麼好誇耀的？

六月十五日，明本寫信向上座淡然表示，幻住決定在秋天作離散之計，又寫遺書送給門下弟子言：「幻者朝死夕化，骨便送歸三塔。若停龕，祭奠、諷經、入祠、做忌一切佛事，不許徇世禮也。」其囑附弟子他過往後骨骸送歸三塔，至於停龕其間的祭奠、誦經，或入祠、作忌等一切佛事，勿因循世間之禮。

明本在安排自己身後事時，仍心繫正法久住之事及大眾的修持。他告誡獅子禪寺的大眾：「惟以放下，節儉，克究初心，慎守開山明訓，令法久住。」又遺誡門人要具大信根，真參實悟。如《中峰和尚廣錄．卷三十》中云：

佛法無汝會處，生死無汝脫處，汝喚甚麼作佛法？任以百千聰明，一一把他三乘十二分教，千七百則陳爛葛藤、百氏諸子，從頭註解得盛水不漏，總是門外打之遶，說時似悟，對境還迷。……惟具大信根，叩己躬下真參實悟，乃能荷負。若作荷負想，依舊沒交涉。……汝若無力處眾，只全身放下，向半間草屋……且圖自度……所以道佛法無汝會處，生死無汝脫處，既會不得，又脫不得，但向不得處一捱捱住，亦莫問三十年、二十年，忽向不得處驀爾撈透，始信余言不相誣矣。

由文中可以知道，明本認為，靠世智辯聰是與道無法相應的；換言之，佛法並不能用思慮的心去了解理會，生死自然也無法依此而了脫。那麼，何謂佛法？明本說，就算能把三藏十二分教的經典、千七百則的禪宗公案、以及諸子百家的學說，從頭到尾解說得完全符合原意，對於「悟道」而言仍然只是個門外漢罷了；這樣的人，講說佛法時似乎已經明白悟了，但一遇到外境所擾，就又迷失而不知所措。他更勸說大眾，如果沒有能力處眾，就放下身心，隱居於山中半間草屋，先自度；就先捱住這「佛法無可理會、生死不得了脫」之處，恆持參究，不論其須二十年或三十年，總會於機緣成熟時在這不得處看透。

不久，明本示疾，紛紛有人上山探望；明本談笑如常，但對探病者言：「幻住庵上漏旁穿，籬坍壁倒，不可久住也。」（〈行錄〉）暗示色身無常，終歸幻散。其間弟子要他服藥，他說：「青天白日曲徇人情耶？」（〈行錄〉）意思是說，因緣聚散有時，緣聚則合，緣去則散；如今世緣已盡，豈可循順人情而違逆天意，再強留於世，因此謝絕服藥。當時，有僧眾預備告假回吳門；明本說，何不過了十五再去？似是暗示辭世之日。

八月十四日，一道白虹橫貫天目山的上空，明本作偈辭別大眾：「我有一句，分付大眾；更問如何，本無可據。」書後便置筆，安坐而逝，春秋六十一歲，僧臘三十五（〈法雲塔銘〉），或言僧臘三十有七（〈行錄〉）。

據〈中峰行錄〉描述，明本入寂後停龕三天，身體仍然溫軟，顏貌不變。有位禪者上前剪其指髮欲為供養，卻誤傷明本指端，一時間鮮血直流，宛如生時一般。

僧俗數千人將明本葬於塔中，供奉於獅子禪院西邊的「望江石」上。出殯之時，弟子惟如作賦以祭，思念哀傷之情溢於言表（《師子林天如闔上語錄·先師將殯之夕率眾法眷歌此章再祭》）：

三十年間師子絃，希聲震動乎大千；餘音一夜變為哭，天地草木同悽然。
秋空蕭蕭下黃葉，巖泉瑟瑟聲嗚咽；我之哀兮無奈何，寒猿呌落千峰月。
山蒼蒼兮水決決，堂堂面目何曾藏；酸心酸淚忍不得，看水看山成斷腸。
天台南嶽師莫住，夜摩睹史師莫留；茫茫苦海風浪惡，眾生日夜懷慈舟。

佛門青燈撼動帝王心

元朝（一二七一至一三六八）是蒙古族建立的王朝，由元世祖忽必烈於至元八年（一二七一）定國號為元；至元十六年（一二七九）滅南宋，統一全國，元成為中國歷史上首次由少數民族建立的王朝。至元順帝至證二十八年

（一三六八）滅亡，蒙古族統領了中國近百年的時間。《元史》云：「釋老之教，行乎中國也，千數百年，而其盛衰，每繫乎時君之好惡。」換言之，帝王對待宗教的態度，關係著宗教的興衰，這一點在元代便清楚可見。

建立蒙古政權的元太祖成吉思汗（一一六二至一二二七），善於運用各地的宗教信仰穩固其統治，對各種宗教都採取包容平等的政策，對各宗教人士皆非常禮遇；因此，蒙古族的宗教擁有多元並存的特點。他還告誡後人：「切勿偏重何種宗教，應對各教之人待遇平等。」

中統元年（一二六〇），元世祖忽必烈登基之後，宗教政策有著顯著改變。元世祖早就崇奉藏傳佛教；即位後，尊八思巴（一二三五至一二八〇）為國師，授以玉印。後經佛道大辯論，確立儒釋道三教以佛教為最尊；後來又經禪教廷辯，而推行「崇教抑禪」政策。簡言之，元朝官方於佛教中最尊崇藏傳佛教，次為漢傳佛教中的教門，再者方為禪宗。再加上元朝對人民採取四種人制（註五），更使得漢地主流佛教的江南禪宗受到漢視。

花若盛開，蝴蝶自來；人若精彩，天自安排。至大元年（一三〇八），明本住持獅子禪院時，尚在東宮（太子）的元仁宗（一二八五至一三二〇）就賜明本號「法慧禪師」。延祐五年（一三一八）九月，仁宗皇帝詔請明本內殿，他固辭不受。明本的修為深深吸引著仁宗皇帝，數度召見，其卻仍不改其志。仁宗感嘆道：「朕聞天目山中峰和尚道行久矣，累欲招之來，卿每謂其有疾……」九月，旋即賜號「佛慈圓照廣慧禪師」，並賜金襴袈裟，再敕杭州路官府終身優禮為其外護，以期他安心辦道。又改獅子禪院為獅子正宗禪寺，詔翰林學士趙孟頫撰碑以賜，並贈高峰和尚「佛日普明廣濟禪師」之號。

明本去世以後，繼續得到朝廷尊崇。天曆二年（一三二九），文宗（一三〇四至一三三二）贈「智覺禪師」；元統二年（一三三四），順宗追謚「普應國師」，敕賜《廣錄》三十卷收入《大藏經》（普寧藏）。

【註釋】

註一：宣政院為元代官署名，職掌全國佛教事務和藏族地區軍政的機關。至元元年（一二六四）初名總制院，至元二十五年（一二八八）更名為宣政院。最高長官為宣政使，由帝師擔任；下屬各官及所轄地區各級官吏，僧俗都可充任；僧人都是西藏的喇嘛，俗人則是蒙古貴族。至順二年（一三三一），撤銷宣政院，改另於全國設立廣教總管府十六所，掌管各地僧尼事務。元統二年（一三三四），又罷廣教總管府，復立行宣政院。

註二：淨名居士即維摩詰居士，其為金粟如來再來。梵名 Vimala-kīrti，音譯毘摩羅詰利帝，又作毘摩羅詰、維摩詰、無垢稱、淨名、滅垢鳴。為佛陀之在家弟子，乃中印度毘舍離城（梵文 Vaiśālī）之長者，精通大乘佛教教義。

《維摩詰所說經》主角便是維摩詰居士。某日，維摩詰稱病，佛遣諸比丘、菩薩前往探病。據《維摩詰所說經．入不二法門品》記載，維摩詰居士藉機與文殊師利和各菩薩對論「何為入不二法門」；諸菩薩各提出超越生滅、善惡等相對道理之行法而入不二法門，最後則為文殊菩薩作答：

爾時，維摩詰謂眾菩薩言：「諸仁者！云何菩薩入不二法門？各隨所樂說之。」……文殊師利曰：「如我意者，於一切法，無言無說，無示無識，離諸問答，是為入不二法門。」於是，文殊師利問維摩詰：「我等各自說已，仁者當說，何等是菩薩入不二法門？」時，維摩詰默然無言。文殊師利歎曰：「善哉！善哉！乃至無有文字語言，是真入不二法門。」說是〈入不二法門品〉時，於此眾中五千菩薩皆入不二法門，得無生法忍。

文殊菩薩認為，對一切法都不妄加言說、不妄加分別，甚至遠離一切問答，如是始為入不二法門；面對文殊等諸菩薩之詮釋，唯獨維摩詰默然不語，藉之顯示入不二法門之理，文殊遂歎之為「真入不二法門」。眾中五千菩薩因而皆入不二法門、得無生法忍。故有「維摩一默一聲雷」之稱。

註三：木稼的意思是木冰，又稱木介、樹稼。據說，孔子去世時，曲阜當年春天就有木稼出現。宋神宗熙寧八年（一〇七五），韓魏公（韓琦）過世時，華山圮，雨水也成凍成木稼；王荊公（王安石）於〈韓魏公挽詞〉中便云：「木稼嘗聞達官怕，山頹果見哲人萎。」

註四：頭陀，梵語dhūta，通常稱為頭陀行、頭陀事或頭陀功德（dhūta-guṇa）。頭陀行是佛教僧侶的一種修行方式，為去除塵垢煩惱，藉由捨去不需要的衣、食、住等物，來修練身心；修持頭陀行的人，便稱為「頭陀行者」。因為頭陀行者長期居住於阿蘭若，遠離人群，所以又稱阿蘭若比丘，或森林比丘、叢林比丘；又因嚴行托缽乞食之戒法，又名托缽僧。漢傳佛教中，針對頭陀法有十二項修行：居阿蘭若處、常行乞食、次第乞食、受一食法、節量食、中後不得飲漿、著弊納（衲）衣、但三衣、塚間住、樹下止、露地住、但坐不臥，所以亦稱為十二頭陀行。亦分有十三、十六種之說法。

頭陀行可算是苦行的一種；釋迦牟尼雖反對各種苦行，但他同意少欲知足的修行方式，因此制定了頭陀修行法。後世，頭陀行則演變為巡歷山野、行腳修行之意，或指挨家挨戶托缽化緣的乞食方式。

註五：近代史學家屠寄（一八五五至一九二一），在《蒙兀兒史記》一書中提出，元朝將全國人口劃分為四個階級，即「四等人制」：第一等蒙古人為元朝的「國族」，蒙古統治者稱之為「自家骨肉」。第二等為色目人，以西域人為主，部分契丹人被劃入色目人。第三等漢人，概指淮河以北，指原來金朝境內的漢族和契丹、女真等族，以及早期為蒙古征服的雲南人，及最後為蒙古征服的四川人，高麗人也屬於這一等。第四等南人（又稱蠻子、囊加歹、新附人），指最後被元朝征服的漢人，為原來南宋境內（江浙、江西、湖廣三行省和河南行省南部）各族。南人絕大部分都是原來宋朝的漢人。

這種觀點曾在史學界引起爭議；因為，迄今為止並沒有發現元朝將全國臣民劃分四個等級的文獻資料。但從當時的各種機構設置和對在朝為官的條件來看，元朝統治者對不同民族成員存在區別待遇是毋庸置疑的。北京師範大學歷史系教授王東平便認為，元朝並沒有把民族明確分為四等的專門法令；但是，在諸多政策法令法規中，蒙古人、色目人享有特權則是不爭的事實。例如，蒙古、色目人毆打漢人、南人，漢人、南人不得回手。禁止漢人、南人手持寸鐵；禁止漢人、南人、高麗人手執持軍器。《元典章》也規定，蒙古人扎死漢人，只需杖刑五十七下，付給死者家屬燒埋銀子即可；而漢人毆死蒙古人，則要處以死刑。總之，在法律上將蒙古、色目、漢人、南人區別對待，是事實也是史實。

因此，雖沒有「四等人制」的史料，但民族分化政策卻早已形成。

第五章　佛門情誼

入國朝以來，能使臨濟之法復大振於東南者，本公（明本）及（天台山華頂峰無見先睹）禪師而已。

莫嫌佛門茶飯淡，僧情不比俗情濃……

同師同道同願之交流

據《增集續傳燈錄》中記載，高峰的嗣法弟子除了明本外，尚有四位：斷崖了義、布衲祖雍、空中以假、千江玨月。

由《佛祖綱目》的描述可以得知，至元二十三年（一二八六），高峰傳法給斷崖了義。另外，史料中雖無記載布衲祖雍的開悟過程與時間，但由祖雍在為高峰所寫的〈形狀〉署名為「嗣法比丘」，可以確知祖雍是高峰的嗣法弟子。再者，〈悼布衲雍禪師偈序〉中言：「始居天目之西，巘事高峰妙公……晚嗣其道，故知異乎。」更可以清楚無誤地說祖雍確實是法嗣於高峰。

空中以假，史料中的資料不多，除了《增集續傳燈錄》中記載了他與高峰互動的片段之外，《五燈會元續略》、《五燈嚴統》、《續燈錄》、《續指月錄》、《續燈正統》、《五燈全書》中皆有記載其「得法高峰」。此外，高峰另有一位重要的弟子鹿巖明初（生卒年不詳），其於〈形狀〉中的署名是「孝小師」；由此可知，他非高峰的嗣法弟子。總結來說，高峰的嗣法弟子史料有記載的共四位：斷崖了義、中峰明本、布衲祖雍、空中以假。除了空中以假是出家後才依止高峰，其餘三位皆是於高峰座下落髮。

同師同道同願之師兄弟，在元代禪宗日漸衰落的情況下，齊力挽狂瀾，為臨濟宗在江南的發展，各自作出貢獻。

斷崖了義

一、生平概況

《補續高僧傳．卷十三》記有斷崖了義（一二六二至一三三三）的生平。其為杭州高峰原妙禪師之法嗣，俗姓湯，德清（今浙江境內）人，生於南宋理宗景定四年（一二六三）。斷崖六歲才開口說話，每天隨母親念誦《法華經》。

某日，斷崖牽拉母親的衣服問：您曾看見佛陀眉間放白毫相光，偏照八萬四千國土？其母回答：佛放瑞光，如優曇花一現，難以遇見。斷崖說：我見燈明佛的光瑞就是如此。其母欣慰歎曰：我兒慧根深厚，實該找個良師。

十七歲，有位僧侶來到斷崖家中，跟他談起高峰上堂舉「欲窮千里目，更上一層樓」的話頭。他一聽，便興奮地站起來說道：此大善知識，必能為人拔釘去楔。於是請求僧侶接引他前往瞻禮高峰；僧人允諾，他便隨僧人一起前往天目山師子巖參禮高峰。

高峰一見斷崖，知是法器，便讓他住了下來。斷崖就以在家的身分執侍左右，隨著高峰日夜參「萬法歸一，一歸何處」。斷崖非常精進，一心參究，朝夕不怠，大眾便稱他為「從一」。

一日，斷崖入室請益，高峰舉「牛過窗櫺」（註一）之話頭來詰問他；斷崖茫然不知所措，心中生起大疑情，朝夕參究，疑情越來越濃。

一天，斷崖偶然經過鉢盂塘，聽見松枝上的積雪落地有聲，恍然有悟。於是他便入室拜見高峰，呈偈云：「不問南北與東西，大地山河一片雪……」偈子還未念完，高峰舉起柱杖（手杖）就打，斷崖嚇得跑出門外，一不小心滑到了懸崖下。大眾一時驚呆，心想，斷崖這下必死無疑。他的同學明通攀著藤蘿，借助石磴下到懸崖，準備救他，卻發現斷崖安然無恙地坐在懸崖中間一塊突出的石頭上。

斷崖悲傷地告訴明通：我機緣不在此，還是往江西見欽公（仰山祖欽禪師）吧！明通安慰他道：「汝負老漢棒矣！」斷崖聽了，便跟著明通回去繼續用功，並發誓：我七日不證悟，就此離去！

斷崖萬緣放下，廢寢忘食，精勤用功；夜間為了防止昏沉瞌睡，就坐在樹枝上，通宵達旦。七天，終於豁然大悟！他歡喜踴躍，跑進死關參拜高峰，大聲喊道：老和尚，今日莫謾罵我！並呈偈曰：「大地山河一片雪，太陽一出便無蹤；自此不疑諸佛祖，更無南北與西東。」

第二天，高峰上堂，示眾說：「山僧二十餘年，布漫天網子，打鳳羅龍，不曾遇得一蝦一蟹。今日有個蟭螟蟲，撞入網中，固是不堪上眼；三十年後，向孤峰絕頂，揚聲大叫。且道叫個甚麼？」說到這裡，高峰舉起拂子道：「大地山河一片雪。」

斷崖悟道後，回故鄉看望母親，並把母親接到武康上柏奉養，結庵而居。

因為他混跡於世俗，所以人們毫不知其修為之深淺。母親死後，斷崖又重新回到高峰身邊，高峰正式為他圓頂，並取名「了義」。

高峰圓寂之後，了義隻身隨緣遊歷各大名山，修為見地引起各大叢林關注；《南宋元明僧寶傳．卷九》中云：「遂單瓢隻杖，渡淮揚，歷齊魯，訪燕趙，登五臺，隨所至處，辨論風生，海內叢席為之大震。」他但仍然韜光養晦，隱居潛修。當時很多名剎爭相迎請他前往住持，但他遲遲不肯出世住山。

直到明本與祖雍相繼去世，元泰定二年（一三二五），了義才受眾人邀請，勉強住持獅子巖正宗禪寺。他道峰高峻，參學人紛至沓來。

大元順帝元統元年（一三三三），除夕之夜，了義告訴侍者：有一件事，天來大，你明白嗎？侍者無語。良久，了義又道：明日是年朝。正月初六，了義帶著侍者來到法雲塔的西畔，指著一塊空地說：這裡正好可以建個無縫塔。當天晚上，了義對諸禪者開示：「汝等克念先宗，弘揚大法，念報佛恩，勿生懈怠。」到了初夜分，了義突然告訴大眾：老僧明日將往天台去也。侍者說：我隨師去。了義笑著回：你騎馬也趕不上我啊！

第二天早晨，了義跏趺而逝。世壽七十二，坐夏四十九。奉遺命，塔建於法雲塔的西畔，即了義言可建無縫塔之處，塔名雲深，賜號「佛慧圓明正覺普度大師」。

其實，早在十二年前，中峰明本示寂時，了義就曾向大眾道：十二年後，更為老僧一會！十二年後果然應驗了。

二、佛法交流

據《西天目祖山志》的記載，明本去世後，斷崖了義曾作祭文（惟則代筆）：

先師門戶壁立千仞，惟我與兄妙契玄同，兄呼弟應。自是以來，東西奔命，我職化權，兄持正令，三二十年，家聲始振。

由此文，可知明本與了義師兄弟間的關係甚為親密——兄呼弟應，化權、正令，皆為振興高峰原妙之禪風。明本的著作中，有不少寄贈給了義的偈頌，從中可看出明本對了義修持的肯定及兄弟間的道情法愛：

> 五臺山在天之北，師子吼處乾坤窄，我兄曾解師子鈴，擬向山中探幽。……信手拈起一莖草，總是金毛師子威。（《廣錄．卷二十七下》）

> 撞漫天網解師子鈴，情忘義斷石裂崖崩。奪龐老金珠，高揮大抹；將阿爺門戶，竪拄橫撐。這邊那邊了無羈絆，問禪問道不近人情。大地山河一片雪，話頭流落至今行。失脚踏斷懸崖，逢人更不安排，取性入真入俗，一任神猜鬼猜。掉臂獨行時拖拽不住，狹路相逢處推托不開。虛空拔得無根樹，要向蟭螟眼上栽。（《廣錄．卷八》）

> 阿爺門戶盡欹傾，舉眼誰人不動情；

十字街頭伸化手，也須還我老師兄。（《天目明本禪師雜錄·卷一》）

布衲祖雍

布衲祖雍（?至一三一七），浙江定海人，得法於原妙禪師。據《五燈會元續略·卷三下》記載，祖雍面貌黝黑，性格憨厚，常任勞任怨地做著舂米、砍柴、典座等雜事，曾作《永明山居偈》：

我要心灰即便灰，何須更去覓良媒；千差路口齊關斷，萬別機頭盡截摧。
就樹縛茆成屋住，拾荊編戶傍溪開；是他懶瓚無靈驗，惹得天書三度來。
尋常冷解自知非，退步沉踪住翠微；掃蕩百年榮辱夢，倒回多劫本根機。
蟻因覓穴沿揩走，蝶為尋花徧圃飛；須信先天并後地，洞然物物有真歸。

由文中可知其有承襲高峰山居的性格。元貞元年（一二九五），明本推薦當時任首座的祖雍住持蓮花峰大覺禪寺。

據《中峰和尚廣錄．卷八》所載，明本應法海院珍知客請為布衲祖雍作贊：「浙東山，浙西水。面目儼存，真機不倚。蓮華峯突兀半天，桂子堂腥臊萬里。玻瓈誰道匪家珍，沉沉法海深無底。」由「沉沉法海深無底」，可知明本對祖雍的禪修功力十分肯定。

空中以假

空中以假（一二六八至一三三六）得法高峰後，棲白雲山。四方禪侶得聞消息前往請益者甚多，其戶外常可見到來訪僧人的鞋子散放四處。由此可見，其雖身隱山中，仍隨緣地度眾，此頗為符合高峰一系之作風。

至元二年（一三三六），以假提筆書偈曰：「地水火風先佛記，掘地深埋第一義；一免檀那幾片柴，二免人言無舍利。」趺坐而化。禪者對生死的自在，處處可見。

虛谷希陵

破庵祖先門下無準師範（一一七九至一二四九）有兩位重要的弟子，一位是雪巖祖欽，另一位為斷橋妙倫。雪巖祖欽的主要弟子有高峰原妙、鐵牛持定（一二四〇至一三〇三）、虛谷希陵和及庵宗信。明本曾分別為鐵牛持定、虛谷希陵和及庵宗信作過贊（以頌揚人物為主的一種文體，例如像贊、小贊）；依《中峰和尚廣錄》所載，明本對各禪師所作的贊，基本上對象都是祖先系的禪師，由此可看出他的個人傾向。

虛谷希陵於延祐七年（一三二〇）為明本《一華五葉集》作跋（《雜錄．卷三》）：

> 超出聖凡情量，然後提金剛王寶劍，殺活自由擒縱自若，著著有出身之路，方堪續佛祖慧命也。獅子巖中峰禪師徹法源底，廓同太虛，百千無量妙義，皆從性海中滔滔流出，自然超宗越格。《破胎息妄》，傳正合圓，悟祖師意；

《闢義解流》，謂從《信心銘》起，亦古人未論至此也；《擬寒山》百篇、《辯七徵八還》及《說如幻法》五者，總名曰《一華五葉》，無非發揚佛祖向上一著，如珠在盤，不撥自轉。非具大眼目破的，大鉗鎚手，未易入其閫域，與之共議也。

虛谷希陵與明本是法門叔侄；論輩分，虛谷希陵長於明本。但其對明本毫不吝於讚譽，稱其「徹法源底，廓同太虛」，乃至對《一華五葉》也深為贊同。由此可知，明本在當時僧眾心中的地位。

無見先睹

無見先睹（覩）（一二六五至一三三四）與中峰明本同為破庵祖先門下，先睹為斷橋妙倫的門下方山文寶（一二五五至一三三五）之法嗣。

先睹，字無見，姓葉，世為天台仙居顯族。先睹天性資質秀穎，自小就斷絕酒肉，嗜愛讀書，過目即能誦讀。沙門東州善公一遇先睹即告知其父母，先睹乃法器，不適宜居住於塵世。

二十歲，先睹於古田垕和尚座下剃度，於郡之天寧受戒。受戒後的先睹早晚精進於道。

某日，參方山文寶於瑞岩西庵，方山文寶問其何謂佛法大義？並張口吐舌提示之；先睹茫然不知所措，方山文寶以拄杖趨趕他出門。先睹轉往參藏室珍於天封，敘說方山文寶一事未竟，藏室珍亦棒打其出。復返西菴，途中滑了一跤；雖有所契入，但尚未徹悟。

先睹遂築室居於天台華頂峰，精苦自勵。某日作務後，豁然發省，平生凝滯當下冰釋，乃往西庵求其印可。方山文寶以偈印之：「此心極廣大，虛空比不得；此道只如是，受持休外覓。」

悟後的先睹續居華頂峰。華頂高寒幽僻，人莫能久處；師一坐四十年，足跡未嘗跨越過門檻；然其道德修持名揚於十方，四海之人爭相歸依。元代文人黃溍（生卒年不詳）就說：「入國朝以來，能使臨濟之法復大振於東南者，本公（明本）及禪師（無見先睹）而已。」

先睹對明本之禪法深為認同，還曾推薦日本僧人古先印原參叩明本。印原初至中國，前往天台華頂峰拜見先睹，先睹對其說：你的緣分不在華頂峰，請至天目山參益明本。

外護來自內修的招感

在元代，儒者士大夫多傾心於佛教，特別是禪宗；禪宗的著名僧人也多擅長詩文，他們與文人互相交游、互相酬唱，成為一種風尚。

如《中峰和尚廣錄．卷二．趙承旨孟頫對靈小參》中所言：「自佛法流布東土，士大夫咨參扣問，敲唱激揚，莫盛於唐宋，而尤盛於皇元。」精於禪修、詩文的明本更不例外。加上明本的道德修養和禪法修證，更加吸引了漢族士大夫及蒙古族官僚的親近。

除高麗忠宣王王璋、翰林學士趙孟頫、兩浙運使瞿霆發、學士馮子振外，尚有丞相達剌罕脫歡、吏部尚書鄭雲翼等，均曾問法與明本，或執弟子禮，交往甚密，成為其重要的外護。

高麗忠宣王王璋

一、生平概況

高麗忠宣王王璋（一二七五至一三二五），高麗王朝第二十六任、第二十八任君主（一二九八、一三〇八至一三一三在位），諱王璋，初名謜，字仲昂，號海印居士，父為高麗忠烈王王昛（王諶），母為元世祖之女元成公主忽都魯揭里迷失（追贈齊國大長公主，謚莊穆王后）。

至元十五年（忠烈王三年，一二七八），王璋受封為高麗王世子，被帶到元大都（今北京）撫養，並取名益智禮普化（蒙古語）。元貞二年（忠烈王二十二年，一二九六），王璋娶元晉王之女寶塔實憐（追贈薊國大長公主）。大德二年（一二九八）元月，忠烈王禪讓，元遣使冊封王璋為逸壽王，即位為高麗忠宣王。忠宣王任內改革官職，因而得罪權門勢族及元朝，同年八月旋即被廢。

在位七個月的忠宣王對佛教頗為重視，其間有關佛教的政令頗多，如鑑於以往賜出家僧人法號過濫，所以令褒貶申聞，有法德殊職者方加法號，一前所配者除；親設消災道場於朝廷；令僧人，固當上不拜君王、下不拜父母，況其餘乎？自今僧俗相拜者，重論如法；與公主數次於西藏僧人處受戒等。

王璋退位後，又再次入元。大德十一年（一三〇七），王璋扶植元武宗即位有功，被元朝封為沈陽王（後改稱沈王）。至大元年（一三〇八），忠烈王去世，王璋再次即位為高麗國王。皇慶二年（一三一三），禪位給兒子王燾（高麗忠肅王）。延祐三年（一三一六），王璋冊封侄兒王暠為沈陽王世子，自稱「太尉王」。

延祐七年（一三二〇），仁宗去世，元英宗繼位。王璋受誣陷而被流放到烏思藏撒思結之地（今西藏自治區薩迦縣）。至治三年（一三二三），元英宗去世，晉王即位，大赦天下，王璋方被召回大都，長達五年之久的流放得以結束。泰定二年（一三二五），王璋於元大都去世，遺體送回高麗，葬於德陵，元朝謚號忠宣，高麗恭愍王加謚宣孝。

二、佛法交流

王璋信佛由來已久。據程鉅夫《雪樓集・大慶壽寺藏經碑》中的描述，皇慶元年（一三一二），王璋請僧至官邸：

王之於佛法知之者，與好而樂之者……王延至其邸，始入諸僧列坐，梵唄之聲洋洋滿庭。……一僧隅坐轉法華，每舉一佛名、一菩薩號，王必以手加額而致敬焉。……然則王於佛法誠好而樂之者矣！

王璋請僧侶至官邸作法事，讓梵唄之聲洋溢庭院，及延僧侶讀誦《法華》，舉佛號、菩薩名時禮拜致敬。由此可知其頗為好樂佛法。

王璋素來仰慕明本之德行。依《中峰和尚廣錄・卷六》中言，延祐元年（一三一四），王璋寫信予明本，請其接任名剎住持、隨順出世。在信中，王璋以弟子之禮相稱，說自已雖貴為駙馬太尉，爵祿榮顯，對佛法卻極為尊崇。雖常參與佛教活動，聽經聞法，對禪宗明心見性、「向上一著」之法，卻仍不得其門而入。知明本道傳天目，渴仰同霑法益，特派遣參軍洪鑰入天目山問法。

對於明本拒絕住持名山大剎之一事，王璋勸請其隨順因緣出世，廣開利益眾生之門。

在明本的回信中，首先讚譽王璋位高德重；其次，對「禪宗向上一著，罔知所趣」之事，言王璋過於謙虛，並說禪門向上或向下之說，皆是方便施設。最後，他解釋自己之所以不願住持名山大剎，非為清淨閒逸、不思佛法興盛，只因自救不暇，方才隱遁山林。

據《中峰和尚廣錄．卷六》所載，奇長老後又入山宣說王璋希望明本書寫法語一篇，以助其更知佛法真義。因此，明本又寫：

教中有言：菩薩夙乘般若智力示為人主，以夙習濃厚不為富貴之所籠絡，於六波羅蜜、四無量心念念策勵，念念成就，未嘗斯須暫忘者，殆非一生、兩生為人主也，何以知其然？十金之家沉酣五欲不暇他顧，而況富有國土，乃爾孜孜于聖賢之道，非夙植德本，何能若此？惟是富貴易於移人，故佛許之以生生修證成熟菩提。

然禪宗門下以無修而修、絕證而證；無修故直見自心，絕證故見心即佛。心不可見，以悟為見；佛不可即，忘悟為即。故古宿謂：學以悟為難，悟以忘為難；忘以行為難，如是三難初無定論，在信根之深淺、志願之重輕耳；惟王之信根，決定是深志願，天然其重。若夫信根不深、志願不重，則應念為諸欲因緣所移，安肯寄音於無似野僧，需入道之語耶。……

學道有三種正見：第一要念得生死無常、大事真切，畢其形命不肯放過；第二要識破一切世間憎愛是非緣境，不使一塵為障為惑；第三要辦取一片長遠決定身心，歲月愈久而志願益精。……

將箇無義味話頭置之學人懷抱，命其朝參夕究、起大疑情，參到心空念泯之際，不覺不知以之悟入。……須彌山，日用中不妨舉此話，默默自看如何是須彌山，且須彌山之意作麼生道。但與麼舉起來參取，政當參時都不妨治國、齊家、營福、修善等事，於此等事上亦不妨參此話頭，久久純熟忽爾開悟。

……以此道治國，則國無不治；理民，則民無不安；崇福，則福無不資；祈壽，則壽無不永。

明本首先從教、禪二門，讚歎、肯定王璋問道之心。次說學道要具三種正見：第一要念得生死無常大事真切，畢其形命不肯放過；第二要識破一切世間憎愛是非緣境，不使一塵為障為惑；第三要辦取一片長遠決定身心，歲月愈久而志願益精。最後，以「須彌山」為話頭，令王璋參究，並提醒他於經營治國、齊家、營福（祈福）、修善等事亦不妨礙參究，參究也無妨治國、齊家、營福（祈福）、修善等事，並予以勉勵：待開悟時，治國、理民、崇福、祈壽，將皆如願。

王璋奏奉聖旨，降御相於江南，至普陀山參拜觀世音菩薩道場，又至杭州等地禮佛。延祐六年（一三一九）九月初六，上天目山。翌日，請明本就獅子正宗禪寺升座，為眾拈香說法。明本舉高峰教人參究「萬法歸一，一歸何處？」的話頭，勉勵眾人將話頭蘊之於胸中，行住坐臥不離話頭，參到用力不及處，留意不得時，驀然打脫，方知成佛由來已久。此過程詳細記載於《中峰和尚廣錄．卷一》：

記得先師高峰和尚三十年深居此山，每以一箇「萬法歸一，一歸何處」話，教人默默提起密密咨參，但不使間斷，亦不為物境之所遷流，亦不為順逆愛憎情妄之所障蔽。惟以所參話頭蘊之于懷，行也如是，坐也如是，參參到用力不及處留意不得時，驀忽打脫，方知成佛其來舊矣。

王璋以弟子相稱，復求法名、別號；明本為他取名勝光，號曰真際。王璋於獅子巖下建真際亭，記載這次求法之盛事，明本因此作〈真際說〉（收入《廣錄．卷二十五》）及〈次韻瀋王題真際亭〉：

高亭結搆標真際，體共雲林一樣閒；山勢倚天忘突兀，水聲投澗自潺湲。

伽陀迴出言詞外，海印高懸宇宙間；佇看凭闌人獨醒，又添公案入禪關。

在《西天目祖山志．卷一》裡記載，明本與王璋兩人為西天目山留下了不少歷史性的景致。除了真際亭外，後人為紀念明本與王璋相遇及傳法之一事，將兩人相見的山峰命名為瀋王峰，瀋王峰就在真際亭後方。另有一處為「活埋庵」：明本曾在此石上禪座，王璋問「師將活埋於此嗎？」於是建庵，並名之為「活埋」。

在〈大元普應國師道行碑〉文裡，王璋對明本給予極高評價：「吾閱人多矣，未有如師福德最勝者；獲師開示，涕淚感發。」王璋認為自己算得上閱人無數，卻沒有遇到像明本福德如此殊勝的；每得明本開示法語，就感動得涕流滿面。

身在以藏傳佛教為主的元朝，王璋這位高麗國的君王，竟能歸投禪宗——明本座下；除了因緣之外，更多的該是明本德性的感召吧！

趙孟頫

一、生平概況

趙孟頫（一二五四至一三二二），字子昂，生於吳興（今浙江湖州），因此人稱趙吳興。又因其所居之地名松雪齋，因此又號松雪道人。關於趙孟頫的家世背景，在《元史．趙孟頫》中記載：

趙孟頫，字子昂，宋太祖子秦王德芳之後也。五世祖秀安僖王之稱，四世祖崇憲靖王伯佳。高宗無子，立子稱之子，是為孝宗；伯圭，其兄也，賜第於湖州，故孟頫為湖州人。曾祖師垂，祖希永，父與旹，仕宋，皆至大官。入國朝，以孟頫貴，累贈師垂集賢侍讀學士，希永太常禮儀院使，並封吳興郡公；與旹集賢大學士，封魏國公。

由文中可知，趙孟頫與北宋、南宋宗室頗有淵源。孟頫是宋太祖之子秦王德芳的第十世孫；孟頫的曾祖父趙師垂、祖父趙希永都曾在南宋為官，父親趙與訔曾任南宋的戶部侍郎兼臨安知府以及浙西安撫使。趙孟頫十二歲時，父親去世，從此家道中落，由生母邱氏獨立承當教養趙孟頫的重責。

身兼嚴父與慈母雙重責任的趙母，常勉勵孟頫要刻苦發憤，她說：「汝孤幼，不能自強於學問，終無以覬成人，吾世則亦已矣。」由於孟頫致力於學問，終不負其母的期望。十四歲時，趙孟頫通過吏部選拔官員的考試，調任真州司戶參軍。二十二歲時，南宋滅亡，回到故鄉過著隱居的生活。

元朝至元二十三年（一二八六），元世祖派行台侍御史程鉅夫（一二四九至一三一八）到江南尋訪賢才。當時共得人才二十四名，趙孟頫居首選。依《松雪齋外集》所記，隔年應召北上，元世祖一見孟頫「以為神仙中人，使坐於右丞葉公李之上。」，授奉訓大夫、兵部郎中，總管全國驛置費用事。至元二十五年（一二八八），任從四品的集賢直學士。至元二十六年（一二八九），與管道昇締結成婚。至元二十七年（一二九〇），他遷集賢直學士奉議大夫。

雖然元世祖對趙孟頫極為器重；然而，因漢蒙族別不同而產生的親疏，及身為宋朝宗室之後、卻於元朝當官的尷尬立場，總令趙孟頫內心有著許多掙扎。如《元史》中的記錄，便呈顯出其身為元臣的矛盾：

帝嘗問葉李、留夢炎優劣，孟頫對曰：「夢炎，臣之父執，其人重厚，篤於自信，好謀而能斷，有大臣器。葉李所讀之書，臣皆讀之；其所知所能，臣皆知之能之。」帝曰：「汝以夢炎賢於李耶？夢炎在宋為狀元，位至丞相，當賈似道誤國罔尚，夢炎依阿取容；李布衣乃伏闕上書，是賢於夢炎也。以夢炎父友，不敢斥言其非，可賦詩譏之。」孟頫賦詩：「狀元曾受宋家恩，國困臣強不盡言；往事已非那可說，且將忠直報皇元。」帝歎賞焉。

在這種進退失據，舉措乏宜的環境下，令孟頫憂讒畏譏，他因此盡量少進宮，有機會也力請外補。終於，至元二十九年（一二九二），孟頫出任濟南路總管府事。然而，元貞元年（一二九五），世祖去世，成宗修《世祖實錄》，孟頫又被召回京城。同年八月，孟頫藉病為由歸吳興。

大德三年（一二九九），孟頫被任命為江浙省等處儒學提舉並擢拔為集賢道學士。這個職位對他來說，正好可以遠離大都，避開複雜的政治環境，又可以不必離開江南，讓他可以在杭州這個文化圈潛心於書畫創作，也在此時與江南禪僧們結下甚深的因緣。

至大二年（一三〇九），孟頫出任中順大夫、揚州路泰州尹兼勸農事。至大三年（一三一〇），皇太子召孟頫回大都，拜翰林侍讀學士。元仁宗即位後，繼續重用孟頫，升集賢侍講學士，官至翰林學士承旨、榮祿大夫、知制誥兼修國史從一品。

自至大三年（一三一〇）至延祐三年（一三一六），短短幾年，孟頫從正四品到從一品，履遷可謂飛快，當然難免引起一些人的不平；因此，時時有人向仁宗諫言。如《松雪齋集》中記載：「有不悅者間之，帝初若不聞；又有上書言：『國史所載，多兵謀戰策，不宜使孟頫與聞。』帝乃曰：『趙子昂世祖皇帝所簡拔，朕特優以禮貌置於館閣典司，述作傳之後世，此屬呶呶何也。』」

孟頫在一個異族統治下的朝廷為官，而且又是身分最低下的南人，卻能官居一品，實屬罕見。

延祐六年（一三一九），孟頫告老返鄉，路途中管夫人因病去世。至治二年（一三二二），趙孟頫也離世，與夫人管道昇合葬於德清縣千秋鄉東衡山，受追封魏國公，謚文敏。

二、佛法交流

身居高位的孟頫，心中卻是矛盾的。從民族氣節來看，他縱不能慷慨就義，也該隱身山林；但是，滿腹經綸的孟頫，總想為國家人民做點事：「士少而學之於家，蓋亦卻出而用於國。」終使他毅然投身仕途。只是，這種卻隱還仕的心理，時常可在他的詩文中見到。他於〈罪出〉一詩中云：

在山為遠志，出山為小草；古語已云然，見事苦不早。
平生獨往願，丘壑寄懷抱；圖書時自娛，野性期自保。
誰令墮塵網，宛轉受纏繞；昔為海上鷗，今為籠中鳥。
哀鳴誰復顧？毛羽日摧槁；向非親友贈，蔬食常不飽。
病妻抱弱子，遠去萬里道；骨肉生別離，丘壑缺拜掃。
愁深無一語，自斷南雲杳；慟哭悲風來，何如訴穹昊。

新舊政權的交替，使得孟頫一生背負著宋朝宗室的包袱，後人對他的品評也大多著眼於此：為南宋遺逸而出仕元朝。如傅山（一六〇七至一六八四）於《霜紅龕集》中批評：「薄其為人，痛惡其書淺俗。」薄其人遂薄其書。

孟頫一代書畫大家，博學多才，能詩善文，特別是書法和繪畫，開元代新畫風，被人稱為元人冠冕；但是，其一生卻始終逃不過非難。為官時，朝臣對他宋朝宗室的身分頗為猜疑和排擠：在野時，世人對他仕元為官之行徑，又多鄙視和指責。這樣的無奈，也促使他更傾心於佛教。

孟頫的一生抄錄了大量的佛教經典。據紀華傳言，孟頫年輕時就喜歡抄寫《金剛經》，在其長子及幼女亡生時，他皆各抄了一卷，可見其對佛教的信仰甚為虔誠。據研究，趙孟頫所抄佛經流傳於世的就多達八十多冊（卷），單抄寫《金剛經》就十一遍。

趙孟頫於大德三年（一二九九）至至大二年（一三〇九）期間，任江浙儒學提舉，此時與明本多有往來。大德四年（一三〇〇），明本建平江幻住庵時，趙孟頫親自搬運建材，建成後還為之題匾額為「棲雲」，由此可見兩人頗有交情。

大德七年（一三〇三），明本為其說〈防情復性〉之旨；大德八年一月，明本應趙賢伉儷之邀至武林官舍；大德十一年（一三〇七）秋天，明本拜訪孟頫於霅城（浙江湖州）之新居；至大一年（一三〇八），明本與孟頫兩人於西湖碰面；至大二年，兩人於松雪齋相遇。延祐三年（一三一六），趙孟頫寫信給明本請教《金剛經》之大意，明本為說〈《金剛般若》略義〉一卷。據《廣錄·卷二》中描述：

凡一會聚，與夫尺書往復，未嘗不以本來具足之道未悟未明為急務；每論到至真切處，悲泣垂涕，不能自已。

由此可知，明本與孟頫每一次的聚會或書信往返，皆為了悟本具的佛性；每論到真切處，就難以自制地悲泣。足見明本與孟頫的交往皆在為求道，皆以了悟本具的佛性為宗旨。

明本對才華洋溢的孟頫是念茲在茲地教化，期望他能將重心由才藝轉為佛道。明本在說明才藝與道的關係時，特別提醒孟頫留戀於才藝則難以入道之理。據《廣錄．卷二十一》記載：

古人學才、學藝，而極於達道；今人負學道之名，反流入於才、藝。豈道無蹊徑可入耶？蓋由生死之念不切耳，且學不至於道，徒增情妄，於理何益哉！……今之學者，惟以本具之說相牽，而不思真參實學之究竟。

孟頫對明本非常敬仰。大德五年（一三〇一），孟頫書寫明本著〈懷淨土詩〉一百零八首並作跋語：「右〈懷淨土詩〉者，中峰和上之所作也。詩凡一百八首，取數珠之一周也。予嘗為書其全稿矣，茲特采其要者再為書之。憫群生之迷塗，道佛境之極樂，及其成功，一也。」（《雜錄．卷三》）由《式古堂書畫滙考》中得知，延祐三年（一三一六），孟頫又書此詩，並作序：「〈淨土偈〉者，中峰和上之所作也。偈凡一百八首，按數珠之一周也。憫群生之迷塗，道佛境之極樂，或趨而納之，或誘而進之，及其至焉，一也。」及作贊：

我師中峰大和尚，慈悲怜憫諸眾生，勤勤為作百八偈，普告恆沙諸有情，如身受病等痛切；若人依師所教誨，一念念彼阿彌陀，一念念已復無念，自然往生安養國。

由孟頫的跋、序、贊可知，孟頫不單虔信阿彌陀佛，對明本的信任更是滿滿，才會以書法抄寫〈懷淨土詩〉，讓〈懷淨土詩〉流傳京師。

再者，根據史料的記載：「公每見師所為文，輒手書，又畫師像以遺同參者。」（《行錄》）「趙公孟頫每受師書必焚香望拜，與師書必自稱弟子。」（〈智覺禪師法雲塔銘〉）由此可知，孟頫每接書信就焚香遙拜，並經常書寫明本文章、繪其像，贈送給同學們。

趙孟頫致中峰和尚的書札，記有二十帖：〈佛法帖〉、〈承教帖〉、〈長兒帖〉、〈吳門帖〉、〈得旨暫還帖〉、〈幼女夭亡帖〉、〈資荐帖〉、〈叨位帖〉、〈俗塵帖〉、〈南還帖〉、〈醉夢帖〉、〈還山帖〉、〈丹藥帖〉、〈兩書帖〉、〈圓覺經帖〉、〈入城帖〉、〈塵事帖〉、〈山上帖〉、〈先妻帖〉、〈瘡痍帖〉。由他與明本書信往返也必自稱為弟子來看，在在說明其對明本敬仰及尊崇之心。

至治二年（一三二二），趙孟頫去世，明本為其設靈，及作對靈小參的佛事。並在《中峰和尚廣錄．卷二》中給予高度評價：

翰林學士承旨松雪居士趙公受知於九重聖主，名聞於萬里黎元，官一品未足謂公之榮，爵萬鍾未足謂公之貴。……身抱冠世之奇才而不為其所惑，雖身嬰舉世之塵累而不為其所障。每於真參正念孜孜然、兀兀然，猶林下老衲寂爾忘緣，未嘗少棄。當知此箇正念不由教導、不依勸請、不因造作、不屬方便，乃是無量劫中於諸佛所深種菩提種子。雖百千塵勞、百千生死同時現前，終莫能昧也。此念既堅，則其成佛作祖超生越死，如壯士屈臂，豈假他力？人徒見公英聲茂實、振耀古今，而不知公六十九年凡施為舉措，莫不以積劫之事繫于真情，自餘皆借路經過，遊戲設施爾。

明本讚譽趙孟頫：雖受聖上知遇之恩，名聲傳於百姓，官至一品，但仍傾心於佛法；雖有冠世之才卻不為所惑，雖身居塵世卻不為所障，能於生死大事孜孜參究，如同林中的老僧寂然忘卻世緣。明本稱說，這樣的正念，不是因為教導、勸請、造作等因緣而能成就，乃是無量劫中於諸佛菩薩所種之因緣；此雖百千塵勞、百千生死同時現前，也不能使其喪失。此念竟堅，則成佛作祖、超生脫死有望，如同壯士屈伸手臂，豈需假借他人之手？人們只見其聲譽遠播，殊不知趙公一生的所有行為舉止，只繫於佛法的修為，甚至以此為目標；至於其他的世間功業、藝術成就等，皆是方便施設罷了。

瞿霆發

一、生平概況

瞿霆發（一二五一至一三一三），本縣下沙（古稱鶴沙）人，字聲父。祖籍河南開封，世為鹽官；宋室南渡後，移居鶴沙。霆發自幼聰明，讀書一覽成誦。為人慷慨，樂善好施，仗義疏財，雅好賓朋，深得朝野人士和鄉里父老的讚譽。

其祖上於嘉定年間開始擔任下沙鹽場鹽監，瞿霆發於至大間（一三〇八至一三一一），任兩浙都轉運鹽使司副使。仁宗時（一三一一至一三二〇），又升正史，管轄浙江沿海及長江以南沿海的三十四個鹽場，世代相繼地主持上海和浙西鹽政達一百五十年之久。元人楊瑀（一二八五至一三六一）在《山居新話》中說，瞿霆發「有當役民田二千七百頃，並佃官田共及萬頃。浙西有田之家，無出其右者。」

皇慶二年（一三一三），瞿霆發逝世，葬於鶴沙鎮西北的祖墓之東，浙東廉訪副使臧夢解為他撰傳。元至正十七年（一三五七），國史院編修官張翥又為他補撰了墓誌銘。

二、佛法交流

至元二十八年（一二九一），瞿霆發登天目山參禮高峰。高峰手握竹篦問說：「相公為遊山來，為佛法來？」霆發曰：「為佛法來。」高峰乃擲下竹篦再問：「會麼？」霆發老實回應：「不會。」高峰說：「不入虎穴，焉得虎子！」霆發當下有悟，認為自己前世便是高峰的弟子，因此也種下霆發施田建大覺禪寺的因緣。

瞿霆發除仰慕高峰道風，對明本也甚為護持。至元二十七年（一二九〇），明本兼任堂司、代管僧眾財物時，丟失了不少財物；引咎辭職後，原想遁隱他山。此事傳到瞿霆發耳中，他二話不說，賣了三畝良田，代明本填補虧損。另外，由霆發一再薦舉明本為大覺禪寺住持一事，可知他對明本的推崇。

馮子振

一、生平概況

馮子振（一二五一至一三四八），字海粟，自號怪怪道人，又號瀛洲客，攸縣（今湖南攸縣）人，後遷湘鄉（今雙峰山田村與湘鄉山田街毗鄰）。關於其生平，可參閱《西天目山祖山志．馮子振傳》。

至元二十四年（一二八七），三十歲的馮子振遇到奉旨到江南求賢的侍御史程鉅夫，入京當上了集賢侍制。元至元二十八年（一二九一），權臣桑哥（？至一二九一）因貪腐事敗，下獄處死。隔年，馮子振因曾寫詩讚譽過桑哥，經陳孚彈劾，追究「連坐」之責。所幸，忽必烈言：「詞臣何罪！使以譽桑哥為罪，則在廷諸臣，誰不譽之，朕亦嘗譽之矣！」馮子振這才逃過一劫。

然而，死罪可逃，削職之命卻不可改。元貞元年（一二九五），馮子振復被召入京，官復原職。大德十一年（一三〇七），又被免職。延祐元年（一三一四），又官承事郎。至正八年（一三四八）卒，封侍御史。

子振自幼博洽經史，無所不讀，文思敏捷，下筆萬言，以文章稱雄天下。其才華橫溢，由《元史．儒學傳》的描述可窺知：

> 天台陳孚其為詩文大抵任意即成，不事雕鑿；攸州馮子振其豪俊與孚略同，而孚極敬畏之，自以為不可及。子振于天下書無所不記；當其為文也，酒酣耳熱，命侍史二三人潤筆以俟，子振據案疾書，隨紙數多寡頃刻輒盡。

子振一生性豪嗜酒；每於酒酣耳熱之際，詩興大發，伏案即作。往往由兩、三人先把毛筆浸好墨，這支筆寫乾了，另一支筆立即遞上；不管桌上多少紙，總能把這些紙張寫滿。

仕途幾經波折的馮子振，在詩、文、曲、賦、書法等領域卻都取得了傲人成就，《元史》贊其文「事料濃郁，美如簇錦，殆天才也。」如〈居庸賦〉、

〈十八公賦〉皆膾炙人口，為人吟詠傳唱；而其所著的《海粟詩集》也收散曲百首。揚州〈漢壽亭祠碑記〉，由蘇昌齡起句、馮子振脫草、趙孟頫書寫，後世譽為「三絕」。

子振卒於元順帝至正八年（一三四八），謚文簡。清道光五年（一八二五），其後裔為他修墓，墓碑兩旁勒石對聯：「一叢芳草先人墓，百樹梅花學士魂。」

二、佛法交流

馮子振因趙孟頫而得以知道明本；而明本亦擅於吟詠，遂結為方外之交。據《欽定四庫全書．集部八》於〈梅花詩百詠〉所撰「提要」乃載云：「時趙孟頫與明本友善，子振意輕之。一日，趙孟頫偕明本往訪子振，子振出示〈梅花百詠〉詩，明本一覽，走筆和成，復出所作〈九字梅花歌〉以示子振，遂與訂交。」二人詩文酬唱以梅花詩的唱和而訂交，即成為元詩史上的一段佳話。

明本除了作七言絕句的〈梅花百詠〉「和章」外，另有一百首詠梅七言律詩，其總題為〈和馮海粟作〉。《欽定四庫全書》以「梅花百詠附錄」的形式，將其附於馮子振〈梅花百詠〉之後。

據王圻（一五三〇至一六一五）在《續文獻通考》中描述明本與馮子振交往的情形，可知兩人關係之親密：「中峰，杭州李氏子，出家天目山為僧，與攸州馮海粟柯善。海粟一日叩門，僧曰：何人？海粟答曰：天下有名馮海粟：僧亦曰：世間難比老中峰。」

明本的著作中也記載了許多與馮子振互動的內容。例如，《中峰和尚廣錄．卷二十九．次韻酬馮海粟待制四首》中，記錄了馮子振拜謁明本的情形：

無言童子拂香臺，報道長沙學士來……雄談博辯振玄音，莫把黃銅喚作金；脫略語言文字外，方知佛祖只傳心。

明本與馮子振雖因詩文而成定交，但爾後的往來還是以談法論道為主。明本稱讚馮子振雄談博辯佛法妙義，但於前詩中更提醒他：黃銅非真金（語言文字喻黃銅，佛法真義喻黃金）；語言文字是指月之指，但不能執指為月；只有打破語言文字的執著，才能見以心傳心的佛法真義。

明本更為馮子振撰寫「自讚」。《中峰和尚廣錄．卷九》有言：

參禪禪未明，學道道何悟？從來只解平實商量，脫略人前只成笑具。

年來衰病滿空身，任運惟依幻而住。寄言怪怪學道人，動著何曾不相遇。

阿呵呵，有甚長處？

由明本如此直率的自讚描述，可知倆人交情的深厚。

馮子振對明本的著作甚為稱讚。在《一華五葉集》跋中言：「一華五葉相傳最初達磨，八面四方湊泊此集。中峰以菩提種，徹境內玲瓏；以耆婆藥，除世間病惱。……抑使清涼樹子庇蔭兒孫。」再者，子振稱讚明本於幻化世間無所住，卻能覺醒世間幻化之人，他說：「我觀幻住師，於幻無所住；雖不住於幻，能覺如幻人。」（《馮子振傳》）馮子振對明本的〈懷淨土詩〉多所讚譽：

手拈古佛機，數於念珠等；寄數逾三千，其實無一字。若人於此中，一一總無念。於無念念佛，無念亦復無；所生皆淨土，云何更西方？是人見彌陀，悉得安穩住。

他認為，一百零八首的〈懷淨土詩〉恰如一百零八顆的念珠，念念中念佛，而實無所念；念念中清淨，念念即淨土。

明本雖然得到士大夫和朝廷官員的禮遇和護持，但他仍平常心視之，保持著修行人的本色。從《中峰和尚廣錄．山房夜話》中可知其對外護（註二）的看法：

或問：吾法須外護然後可行，乃有佛法付囑國王、大臣之說。幻曰：事說則可也，理說則未知其可。……佛祖以道德自任……身世兩忘，曾何意於求外護也？……世之昧者不顧己之道德為如何，必欲干榮冒寵，奔走權門，而稱外護。或不遂所欲，則怨嗟之聲形於言，鬱勃之氣浮於貌，不至禍辱不已也，豈抱道之器合如是哉？

明本從「事說」與「理說」來看待外護的問題。「事說」即從現實面來看，佛法確實需要外在信眾的護持，才得以發展；「理說」乃從佛法的根本來說，則未必如此：佛法以道德修持為根本，以身心兩忘、出世為目的，又何來心思顧及外護之事？若一味尋求外護，而不重視自己的修持，只為求取榮寵，奔走於權貴之門第，以得其支持；如果外護不遂自己的意願，於言語上就哀聲載道，憤怒之氣也溢於容貌上。如此，豈是修道之人該有之行徑？

明本在《中峰和尚廣錄．卷十八．東語西話》中，也針對禪、教、律三宗依賴國家、外護的情況，提出中肯的看法：

余觀教禪律三宗，棟宇之植，田園之聚，譬之吾身，可謂強力也矣。殊不知戒定慧三無漏學，乃吾脉（脈）也；苟不潛鞭密鍊，堅守力行，則吾脉病矣。

昔吾教遭三武之廢，可謂病吾身也；已而戒定慧之本脉應指而現，生意充然，未久則病去，而身益強矣，蓋本固之驗也。嗟乎！不思固其本者，謂外護之力可恃，又從而文飾之，而不知脉與元氣斲喪無幾矣；一旦禍出不測，余於此不能無懼焉？

明本認為，外護之力固然重要，但戒、定、慧方為修持之根本及法脈；堅持修持戒、定、慧三無漏學，外護之力自然而至。總之，沒有內薰，就沒有外護，外護是由內在修持招感而至。

【註釋】

註一：這則公案的前身來自《佛說給孤長者女得度因緣經．卷下》：

時彼哀愍王，忽於一夜得十種夢：一者夢見有一大象從窓牖出，身雖得出尾為礙……

國王夢見一頭大象要爬出窗戶；身子都出去了，尾巴卻怎麼也出不去，被窗子框住了。從字面上解釋，這比喻求悟之人雖然捨棄了家眷出家修行，但心裡仍貪戀著名利、欲事，雖到處馳走尋求佛道，卻失落了自我，而難以真正解脫。

中國的公案後來把大象改成了水牯牛，而成「牛過窗櫺」的公案，由五祖法演留下。水牯牛即雄性的大水牛，窗櫺則是加了格形窗花裝飾的木窗。《無門關》三十八則中記載：

五祖曰：譬如水牯牛過窗櫺，頭角四蹄都過了，因甚麼，尾巴過不得？

註二：「外護」乃指僧侶以外的在家人；此在家人從「外部」以權力、財富、知識或勞力等護持佛教，如供給僧尼衣服、飲食以助其安心修道；或掃除種種障礙，以護持佛法之流通。從事以上諸行者，即稱為外護，或外護者、外護善知識。

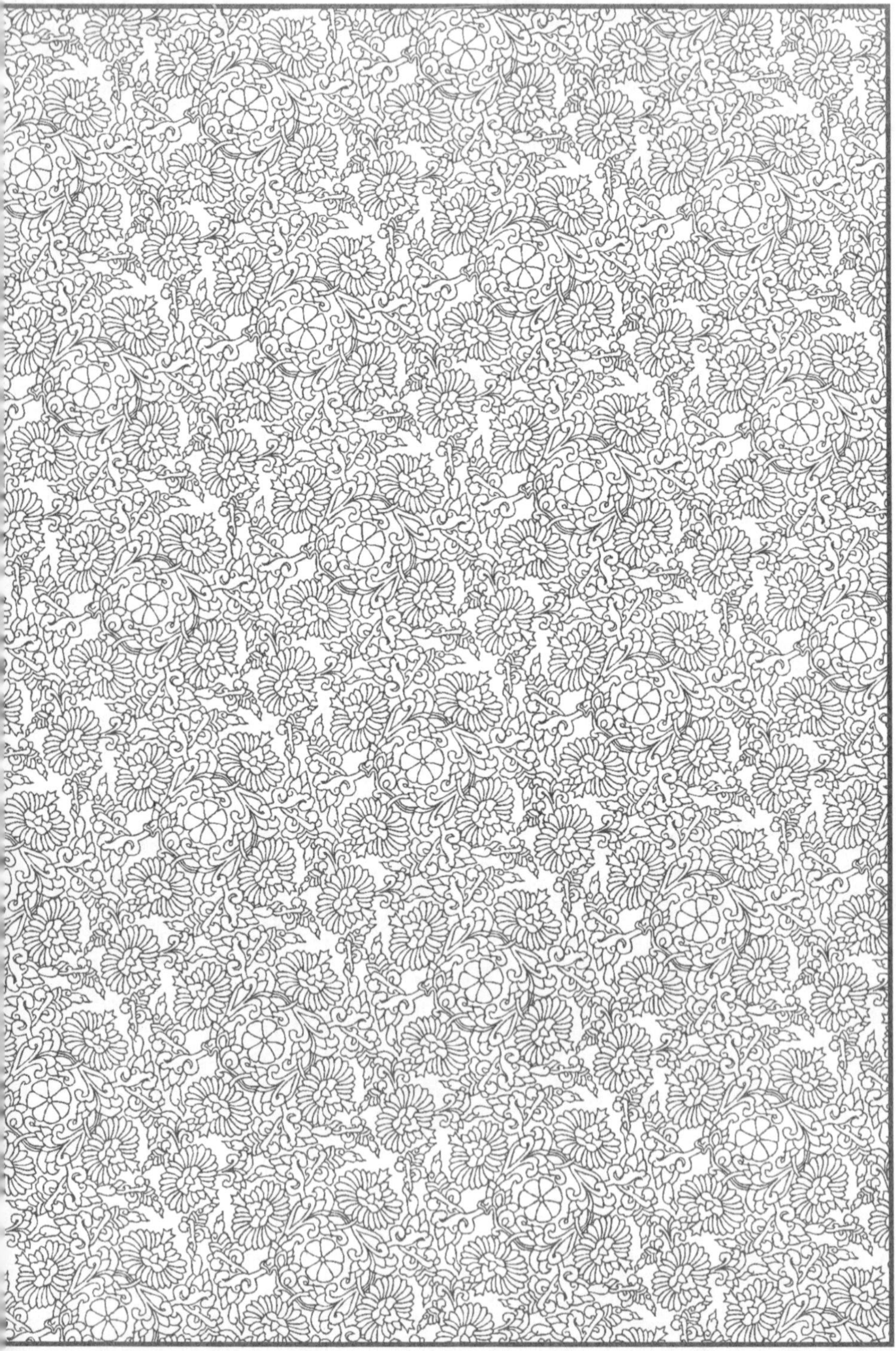

影響

壹・思想暨著述

若欲必求正悟，別無方便，但將「箇生死事大，無常迅速」之要言，蘊于八識田中，念念勿令間斷。

明本的思想除了繼承大慧宗杲（一〇八九至一一六三）、高峰原妙的「話頭禪」，還受永明延壽（九〇四至九七五）之影響；因此，明本除了一生致力弘揚看話禪，還提倡「禪淨融合」、「禪教會通」、「四宗一旨」等會通思想。對禪法的獨到見解，加上時代環境的變遷，明本所提倡的看話禪有許多不同以往的觀點，也因此為江南禪宗注入新元素，並影響著中國禪宗的發展。

明本雖出生禪門，但並不排斥文字弘法，凡有人前來乞求法語，他就書信答之，因此留下的著作甚多；換言之，其新穎、獨到的思想見地，悉數留存在著作中，繼續影響著後代，晚明的憨山大師也受到啟發。

綻放禪宗文學之花朵

在不立文字的土壤中，卻綻放了禪文學之花。明本不僅精於禪學，而且擅長詩文；據說，其身邊有兩位頭陀替他扛紙，有人前來乞求法語，他就信筆書之。因此，明本一生的著作頗多，分別收錄於《天目中峰和尚廣錄》、《天目明本禪師雜錄》、《幻住清規》、《三時繫念》等書中。

《天目中峰和尚廣錄》

《天目中峰和尚廣錄》，簡稱《中峰廣錄》、《中峰和尚廣錄》，乃是研究明本禪學思想的第一手資料。由參學門人北庭慈寂（亦名「善達密的理」）所編，現收錄於《磧砂藏》和《卍正藏》等藏中。現存的版本有十幾種之多，如元刊本、《磧砂藏》本（雲居庵重刊本）、《洪武南藏》本、《永樂南藏》本、

《永樂北藏》本、明覺集貲（資）刊本（明代對校本）、《嘉興藏》本，此外尚有日本的版本：五山版、寬永四年（一六二七）活字版、寬永六年本、寬永十三年鼇頭評註本、寬永二十年本、《黃檗藏》本（一六六九至一六八一）、《縮藏》本（一八八四）及《卍正藏》本（一九〇五）等。另外，據日本椎名宏雄的研究，其版本在日本前後刊行過八次。

一、入藏與刊行

元順帝元統二年（一三三四），北庭慈寂上進朝廷，請求入藏。據收錄於《中峰和尚廣錄．卷一．進天目中峰和尚廣錄表》（北庭慈寂著）中所言：「先師之所以立言，非徼生榮，非覬後福。蓋以禪學之病沉冥膏肓，有大醫王不忍聞見，於是鍼砭不切，無以中其會俞；湯劑不苦，無以蠲其沉痾……」及《大元勑賜智覺禪師法雲塔銘》中也提到：

惟和尚傳佛心宗，卓絕不倚弘闡玄猷，痛斥禪病以救末法。其高識遠見淳德實行，法量汪洋辯才，無礙東南一人而已。

由此得知，明本之所以著書立說，是因為不忍禪門弊端叢生，而下針砭。元統二年，元順帝降旨頒賜《中峰和尚廣錄》入藏（《普寧藏》），行宣政院遂發布〈降賜《天目中峰和尚廣錄》入藏院劄〉（《廣錄．卷一》）：

奉皇帝聖旨，教刊板入藏經裡……如今它撰集來的文字都是禪宗裏緊要的言語。有如今依先例，將這文字，但有藏經印板處，教刊板入藏經。……右劄付杭州路南山大普寧寺住持，准此，元統二年五月印日。

《中峰和尚廣錄》入藏刊行後不久，經版即於大普寧寺大火中焚毀。明初，武官張子華獲得《中峰和尚廣錄》殘篇，讀後深有所獲，遂前往吳山雲居庵拜見智嵩、慧澤二師，表明願意捐資重刊《中峰廣錄》。明太祖洪武二十年（一三八七），經版終於重雕刊行，《中峰和尚廣錄》遂得以繼續流傳於世。

二、組織與內容

共三十卷的《中峰和尚廣錄》，其內容概述如下——

第一卷，「示眾」（註一），分上、下兩卷，計二十九則；前含附文四則，包括〈進天目中峰和尚廣錄表〉、〈降賜天目中峰和尚廣錄入藏院劄〉、〈天目中峰和尚廣錄序〉、〈重刊中峰和尚廣錄序〉。

內容涵蓋在天目山師子正宗禪寺、平江路鴈蕩幻住禪庵、湖州弁山幻住禪庵、平江路順心禪庵、丹陽大同禪庵、吳江州太湖簡村順心禪庵、師子巖東岡幻住庵等處為弟子所作的開示。開示中除指正當時宗門中的弊病外，並指導行人參話頭的要義，警策行人應精勤修行，單提一話頭老實參究，水到渠成，自然豁然開悟，解脫生死。

第二卷，「小參」（註二），計兩篇：〈瞿運使霆發卒哭藥師對靈小參〉、〈為趙承旨孟頫對靈小參〉。第一篇，明本舉石頭和尚與龐居士之問答，而說眼見色乃至八萬四千塵勞應用等皆是日用中事；並稱讚瞿運使霆發是再世龐（蘊）居士，說其雖沒有效法龐居士棄家珍於水底，卻能布施錢財，利益種種救援、攝護方便等事，亦不妨其孜孜在道之心。

第三卷，「拈古」與「頌古」。「拈古」又稱拈則、拈提；拈弄古則公案，採用散文體方式加以直截簡明的批評古人公案，便稱為拈古，有二十五則。對於禪僧的言行和問答的旨趣或古人的公案，以偈頌的方式來解釋，稱為「頌古」，有三十一則。

第四、五卷，法語，論參禪之道。第四卷，分上下兩卷，開示對象以僧眾為主，共有二十三則；第五卷，分上下兩卷，以在家弟子為主要對象，計有八則。此為研究明本禪學思想的重要資料，也提供了瞭解明本和其他禪師、在家信眾互動的一些史料。

第六卷，書問，是明本與僧俗弟子的書信往來，共有五則；內容論及參禪向上一著、禪不在坐、亦不離坐、禪宗嗣法等問題。

第七卷，佛事，共有五則。除了第一則〈拈高麗金書《法華經》〉外，其餘四則和喪葬等事誼有關，分別為〈瞿運使卒哭藥師道場放生〉、〈馮將但秉炬〉、〈謙西堂入塔〉、〈為諸禪人秉炬入塔〉（「秉炬」是秉持火炬，意指荼毘、火葬之意）。

第八卷，佛祖讚，計二十四則，乃是明本為佛、菩薩、祖師等所寫的讚頌詩偈。由明本對祖師等所寫的讚頌，可窺知其與其他禪師交往的狀況。

第九卷，自讚，計三十六則。明本應斷崖、馮子振、喜庵三藏、如偉等人之請，撰寫與自身有關的偈頌。

第十卷，題跋，計八則題、五則跋。

第十一卷，〈山房夜話〉，分上、中、下三卷，計四十二則。明本與參學者對床夜坐論法，由參學者提出疑問，明本作答，所討論的內容多環繞於參禪修行的問題上。

第十二卷，〈《信心銘》闢義解〉，分上、中、下三卷。當時有學者只求義理通達，不重實修，也不求豁然開悟，並引用據傳為中國禪宗三祖僧璨所作的《信心銘》為自己辯解；明本因此闡釋《信心銘》的真義，以糾正禪僧「不求心悟，惟尚言通」的錯誤觀念。

第十三卷，〈《楞嚴》徵心辯見或問〉，內容針對詰問明本《楞嚴經》中阿難「七處徵心」的問題，以「或問」的方式，假設了十五條問題回答之。

第十四卷，〈別傳覺心〉；明本用禪宗的觀點，針對《圓覺經》十二章，各提出綱要，復申以偈頌。

第十五卷，〈《金剛般若》略義〉；明本應趙孟頫之問《金剛般若》大意而寫之。

第十六卷，〈幻住家訓〉；明本應幻住庵的僧眾之請而撰寫，旨在闡明真參實悟之要義。

第十七卷，〈擬寒山詩〉，為仿傚《寒山詩》（註三）而作的一百首律詩，乃是明本痛見當時禪宗產生諸多弊端而作；其每一首詩的第一句，皆開宗明義地指出參禪所要把握的宗旨及應避免的錯誤。

第十八卷，〈東化西語〉，分上、下兩卷，計二十三篇，內容以參禪修行等問題為主。

第十九卷、二十卷，則為〈東化西語續集〉上、下兩卷，內容仍然是以探討參禪修行等相關問題為重。第十八卷、十九卷、二十卷，內容除參禪相關問題外，還攝及禪教、儒佛等關係。

第二十一卷至二十六卷，內容為賦、記、箴銘、序文、說、文、疏、雜著等。第二十七至三十卷收錄的全是偈頌。

第十一卷〈山房夜話〉、第十二卷〈《信心銘》闢義解〉、第十三卷〈《楞嚴》徵心辯見或問〉、第十六卷〈幻住家訓〉、第十七卷〈擬寒山詩〉，合稱《一華（花）五葉》，是明本早期的著作；在編入《中峰和尚廣錄》之前，這五種著作早已廣為流傳，可說是明本的代表作。

《一華五葉》成書最早的為〈山房夜話〉，在高峰原妙去世約二十年後完成。明本在《中峰廣錄．卷二十四．一華五葉序》中提及此書的著作過程：

先師枯槁身心於巖穴之下，畢世不改其操，人或高之，必蹙頞以告之曰：此吾定分，使拘此行，欲矯世逆俗，則罪何可逃？余竊聆其說，私有所得。閱二十年，每與同參道者，俯首茅茨論及之，不覺成編，題為〈山房夜話〉。又擬寒山百首，以寓禪參之旨。復閱《楞嚴》，因講學者致詰，遂假或問以答之。又以禪者不求心悟，惟尚言通，例引《信心銘》為證，故辭而闢之，以破其義解。及幻跡所至，結茅以居，皆名幻住，勉為相從者所請，引起葛藤，故稱家訓。前後成篇者五，戲以《一華五葉》目之。

《天目明本禪師雜錄》

此書為日本所刊行，計上、中、下三卷，又稱《明本禪師雜錄》，收錄於《卍續藏》第一一二冊、《卍新纂續藏經》第七十冊，編者不詳。《雜錄》中收入《中峰和尚廣錄》所未收的內容，包括：天目中峰廣慧禪師語（一卷），以示眾、法語、偈頌、雜著、佛事等內容為主。天目中峰和尚普應國師法語（二卷），為開示弟子的法語，計七十餘則，以參話頭、起疑情、做功夫等內容為主，其中保存了大量對日本弟子的開示。在卷下之末附錄了〈天目中峰和尚懷淨土詩〉一百零八首及〈中峰和尚和馮海粟梅花詩百詠〉和《一華五葉》的序跋。

《中峰國師三時繫念佛事》之開示文有些出自〈天目中峰和尚懷淨土詩〉，其為探討明本禪淨思想的重要資料。此書的文獻價值除有明本的禪學思想及對弟子應機施教的方法外，對研究元代之中日佛教交流也提供了重要參考文獻。

《幻住清規》

全名《普應國師幻住庵清規》，簡稱《幻住庵清規》或《幻住清規》，別名《庵事須知》或《日用須知》，全一卷，著於延祐四年（一三一七），收錄於《卍新纂續藏經》第六十三冊。內容為幻住庵僧眾日用修行的規矩，共分十門：日資、月進、年規、世範、營辦、家風、名分、踐履、攝養和津送。

附錄有開甘露門之法，為施食會。施食會是指加持飲食後施食給墮於惡趣中的餓鬼，稱施餓鬼會，依唐代不空譯的《救拔焰口餓鬼陀羅尼經》而制定法事儀規，在四如來——多寶如來、妙色身如來、廣博身如來、離怖畏如來——之外，又增加甘露王如來，成為五如來；現今的《蒙山施食》，又加上寶勝如來和阿彌陀如來。

第一門，日資——是幻住庵住眾日常生活作息之規範。

第二門，月進——是從一月至十二月，每個月的活動內容，含節日、法會、結制和解制等。

第三門，年規——是指一年的重要節慶及作務，包括「聖節」：為祝賀當朝皇帝誕辰而啟建的法會；「四節」：指結制（註四）、解制、冬至；「歲計」：幻住庵一年內的經濟活動，指耕田作務、維修農具、合醬造醋等勞作。

第四門，世範——為各種法會的文疏及迴向文之範本。

第五門，營辦——有關幻住庵住眾的食與住之事誼，分為齋饌：庵眾的食物供給和儲備，及修葺制疊：有關房舍住處的修築整治，和環境的清理。

第六門，家風——乃指幻住庵的道風與習俗，有關接待遊方僧掛單、作客之事，及庵中人事之任用、獎懲、調派等事誼，分為九項：掛搭、送新到入堂觸禮起敘語、謝掛搭敘語、延納、用人、賞罰、進退、分衛和普請。

第七門，名分——幻住庵所設的職位名稱和職事，分為庵主、首座、副庵、知庫、飯頭和互用。

第八門，踐履——有關住眾各人的修行辦道之事，分為「外緣」：與施主互動、參與公界普請等；「內緣」：有關自己內在的用功，含剃頭、澡浴、請病假、閱經、親俗來訪等；「訓童行」，對年少行者之訓誨。

第九門，攝養——看顧病僧之事，包括整理病榻、觀察病況、方便勸勉。

第十門，津送——有關亡僧後事及送葬之事誼，末後附有「板帳式」和「道者山頭佛事」兩個項目：「板帳式」，是記錄亡僧遺物和估唱所得，以及喪禮費用的帳目範本；「道者山頭佛事」，則是在墳場為亡僧進行荼毘儀式時的佛事。

據《幻住清規》的序文，可知明本著述動機：

嗟呼！人心之不軌道久矣，半千載前已嘗瓦解；百丈起為叢林以救之，迨今不能無弊。今庵居處眾固不敢效叢林禮法，而日用又不可破規裂矩。勉置須知一編，列為十門，為主伴交參之標準。自成一家之規，非敢與大方共也。

庵居規模自然不可相較於十方叢林；然而，僧眾既然聚在一起生活修行，則不得不制定共同遵守的規矩。因此，明本編出《幻住清規》，列出十個項目，作為庵主和參學者之間相互遵守的標準。其自謙，此清規專為幻住庵住眾而制，僅自成一家之規，不敢與諸方之清規相提並論。《幻住清規》雖較其他清規簡略，但從日常生活開始談起，一直至命終身後事，倒也完整，自成一家之風格。

再者，《幻住清規》融攝地方神祇信仰，擁有濃厚的多神信仰色彩，是歷代清規少見的。如《幻住清規．世範．結夏啟建楞嚴會疏》，便納入相當多十方神祇：

> 今上皇帝聖壽無疆，迴向真如實際，莊嚴無上佛果菩提，大慈大悲靈感觀世音菩薩。次伸祝貢光明會上護法列席諸天、三界萬靈、十方真宰、今年歲分主執陰陽權衡造化，賞善罰惡幽顯靈聰、五嶽四瀆，名山大川，聖帝名王、

忠臣烈士、五方行雨龍王、六合雷公電姥、主風主雨，主百穀苗稼，發生萬物無量聖賢、府縣城隍大王、當境土地某神、近遠廟貌，遐邇靈祇、本菴立地翊應侯周宣靈主、護伽藍神、合堂真宰、廚司監齋使者、主湯火井竈神祇、山林界相守護百靈、修造方隅周回禁忌、建菴檀越本命星君、西天此土歷代祖師增崇品位、合菴僧道各人生身父母養育劬勞、酆都界內冥府十殿慈王、三塗六趣，八難四生諸有情眾、統三界若幽若顯、遍十方乃聖乃凡，功德平等資倍，普皆饒益。

由上可知，《幻住清規》的祝貢對象除了護法龍天及當地神祇外，還有聖帝名王、忠臣烈士、歷代祖師及各人生身父母；幽冥及地方神祇，則有幽顯靈聰、冥府十殿閻王和縣城隍大王；伽藍護法則有廚司監齋使者及主湯火之井灶神祇；與農作相關的自然界崇拜，則有行雨龍王及雷公電姥、主風雨和百穀苗稼及發生萬物之無量聖賢，以及山林地神等。

總之，明本雖為一代禪師，卻能隨順民間百姓的傳統信仰，融攝眾多天神地祇進入《幻住清規》的文疏中作為祈禱對象，也使得《幻住清規》較其他的清規更加的親民，多了分濃厚的多神色彩。

《三時繫念》

關於明本三時繫念的著作有兩本：《中峰國師三時繫念佛事》、《中峰國師三時繫念儀範》，為當今重要的淨土儀軌，兩者之開示文與儀軌有其異同之處：《三時繫念佛事》每一時皆誦《佛說阿彌陀經》；《三時繫念儀範》之第一時、第二時誦《大阿彌陀經》上卷、下卷，第三時誦《佛說觀無量壽佛經》。二者皆收錄於《卍新纂續藏經》第七十四冊。

據研究，兩者的用途或有不同：《三時繫念佛事》主要使用在超薦法會中，當機眾為亡者，重在超渡其往生西方；《三時繫念儀範》則是專為在生者而設的共修念佛儀規。然而，事實上，《三時繫念佛事》亦可作為生者修行之用：依文觀想，從中領悟佛法義理，進而落實「自性彌陀，唯心淨土」的修行。

元代朝廷熱衷興辦法會，耗費供品眾多，據《元史·釋老傳》中記載，仁宗延祐四年（一三一七），朝廷作佛事，便耗掉麵四十三萬九千五百斤、油七萬九千斤、酥二萬一千八百七十斤、蜜二萬七千三百斤。民間也承此風氣，熱衷懺儀活動；不過，皆只流於形式的鋪張浪費，佛法真義難以體現。基於這點，明本撰寫《三時繫念佛事》，期以匡正世人對佛教儀式應有的正向認識，以及透過《三時繫念佛事》之儀軌，期許人們能真正瞭解禪與淨修持之法門。

一、《三時繫念佛事》的意義

「三時」指一天的早、中、晚三時；據《佛光大辭典》解釋：「印度分一晝夜為六時，即晝三時、夜三時。晨朝、日中、日沒為晝三時，初夜、中夜、後夜為夜三時。晨朝即上午八時頃，日中為正午十二時頃，日沒為下午四時頃；初夜即午後八時頃，中夜為子夜十二時頃，後夜為晨四時頃。」今啟建三時繫念佛事，通常以晝三時為主；如以修持角度言，當是晝三時、夜三時，二六時中皆繫念於阿彌陀佛。

繫念，即一心專注於念佛，無其他的妄想雜念。如《三時繫念儀範》言：「何云繫念？一心繫屬于佛，不雜他念之謂也。」

至於「佛事」，凡是發揚佛德之事就是佛事；後來，人們將於佛前舉行的儀式稱為佛事，包括法會或超度亡靈之誦經等。依《佛光大辭典》的解釋：「凡發揚佛德之事，稱為佛事。……據《維摩經》卷下載，佛陀將一切事均視為佛事。……於禪宗，用以指舉揚佛法之行事，如開眼、安座（安置佛像於堂內）、拈香、上堂、入室、普說、垂示等，均為佛事。後世泛稱於佛前舉行之儀式為佛事，又稱法事、法會，或指超度亡靈之誦經。」

二、《三時繫念佛事》的內容大意

明本於《三時繫念佛事》開宗明義說：「覺海虛空起，娑婆業浪流；若人登彼岸，極樂有歸舟。」他闡述眾生自性本有清淨真如，只因無始劫之妄想、煩惱、習氣，所以於娑婆業海載沉載浮；如依《三時繫念佛事》修持，必能登極樂涅槃岸。

《三時繫念佛事》的內容約可分三點來說：「唯心淨土、本性彌陀」的思想、「信行願三、繫念彌陀」的修持、及「懺悔發願」的行持。

（一）「唯心淨土、本性彌陀」的思想

《三時繫念佛事》在第一時、第二時、第三時的內容[illegible]《佛說阿彌陀經》、往生咒、普賢十大願王及懺悔業障、開示文等。明本於《三時繫念佛事》開示文中直接揭示「唯心淨土、自性彌陀」的思想：「道人若要尋歸路，但向

塵中了自心。」意即，明本認為，要尋「回家路」，不只是繫念阿彌陀佛，更該反觀自心，進而彰顯本來清淨的自性。

《三時繫念佛事》中提到：

> 心心即佛，醍醐酥酪，咸自乳生；
> 佛佛惟心，釵釧瓶盤，盡從金出。

心心即佛，是「心」、「佛」、「眾生」三無差別的心，這「心」又稱心性、自性、佛性、真如、本體。此心人人本具，在聖不增，在凡不滅，能生萬法，阿彌陀佛、極樂世界也皆是此心變現。如明本言：

> 心生種種法生，心滅種種法滅；諸法不自生，諸法不自滅，皆一心所變。
> ……阿彌陀佛即是我心，我心即是阿彌陀佛；淨土即此方，此方即淨土。

明本更將遠在「十萬億佛土」之外的極樂淨土，與我們這個世界縮至零距離；他指出，不論是阿彌陀佛或是西方極樂淨土，總不出「唯心淨土，本性彌陀」。這「總不出」三個字，不但有力地將「過十萬億佛土」的極樂世界收於一切眾生的自心之內，更進一步地說明：凡夫眾生才會在自身之外去找尋淨土，覺悟的眾生自然明白唯心淨土、本性彌陀。如《三時繫念佛事》所言：

經云：從是西方，過十萬億佛土，有世界名曰極樂，其土有佛號阿彌陀。今現在說法，總不出唯心淨土，本性彌陀也……審如是，且道離此心佛眾生外，別有商量處也無。

（二）「信行願三、繫念彌陀」的修持

《三時繫念佛事》中清楚道出：「信行願三，如鼎三足，缺一不可。」淨土三資糧：信、行、願，是修持淨土法門所不可或缺的。《三時繫念佛事》中記載，「信」的內容有三：信有西方淨土；信有阿彌陀佛攝取眾生之事；我等眾生，信有往生之分；並且說明，「信」是「隨心自現……究竟非從外得」。總之，「信」為往生必備資糧之一，《三時繫念佛事》中更言：「信而無

行，即不成其信。」換言之，要成就「信」，需行來輔助。

此處之「行」，就是繫念彌陀之名號，亦即念佛。《阿彌陀經》除描述西方淨土概況，亦宣揚持名念佛之法門。念佛法門簡易，然其功德殊勝，普為大眾接受。第二時白文中，就清楚點出念佛的殊勝功德：

舉起一聲佛名，直下更無異見……直至一心不亂，能所兩忘，到家之說，不容再舉；捷徑之詞，何勞掛齒。可謂證修行之神術，超方便之正途。

而繫念彌陀，重在淨念相繼，如《三時繫念佛事》中言：「念佛既從心出，結業豈屬外來？須與背念佛之心，剎那即結業之所。」明本進而解釋何謂淨念：

當妄念雜念之頃，能舉起一念，如對慈尊；按定六字洪名，一一出口入耳，則此雜亂自然隨念寂靜。自是一念而自十念，乃至念念不移，即教中所謂淨念。

《阿彌陀經》中再一次提出保證，繫念彌陀，臨命終時，心不顛倒，即得往生極樂淨土。經云：

若有善男子、善女人，聞說阿彌陀佛，執持名號，若一日、若二日，若三日，若四日，若五日，若六日，若七日，一心不亂，其人臨命終時，阿彌陀佛與諸聖眾，現在其前。是人終時，心不顛倒，即得往生阿彌陀佛極樂國土。

「行而無願，即不成其行」；要成就「行」，尚需「願」來引領。明本於《三時繫念佛事》中說明行、願的關係：

行者猶人具眼目，願如日月燈光明；依光照燭見分明，行者方能達前境。有了行，更該發願，才能到達目的地；而且，「念佛之人，若不發願往生，縱有功行，亦成虛設。」

（三）「懺悔發願」的行持

明本於第一、二、三時的白文中，皆提出懺悔發願，他認為要發願往生，唯憑懺悔之力，《三時繫念佛事》中言：

> 欲思出離，唯憑懺悔熏修之力，俾眼、耳、鼻、舌、身、意之過愆，應念頓消；使色、聲、香、味、觸、法之浮塵，即時清淨。又極樂求生，全憑發願。

《三時繫念佛事》第一時言：「敬為亡靈，至心懺悔發願。」第二時言：「再勞法眾，至心懺悔發願。」第三時言：「更為亡靈，至心懺悔發願。」再者，《三時繫念佛事》的文中有很多懺悔發願相關的讚偈，如〈普賢十大願〉、〈大慈菩薩發願偈〉、〈慈雲懺主淨土發願文〉、〈懺悔發願文〉、〈四弘誓願偈〉等；可見，懺悔發願對淨土行者而言，是一項重要的行持。

從達磨西來至元代的禪法，走過鼎盛、輝煌；但至元代，其流弊卻日益嚴重。因此，明本致力弘揚看話禪，以對治宗門之弊端。

明本的看話禪法

大慧宗杲是中國禪宗史上大力提倡看話禪的宗師，對宋朝以後的禪學有著深遠影響；明本也在此影響下，繼承和發展了宗杲看話禪的思想。

一、何謂看話禪

（一）看話禪之淵源

據說，首倡看話禪的是晚唐黃檗希運禪師（？至八五五），其於明本之《宛陵錄》中有看話禪的記錄；不過，《四家語錄》、《古尊宿語錄》中的〈宛陵錄〉並未記載。再者，《中峰和尚廣錄．卷一下》中也記載：「《傳燈錄》一千七百單一人，皆是言外知歸，迎刃而解，初不聞有做工夫看話頭之說。」《景德傳燈錄》是禪宗最早的一部史書；在《寶林傳》、《祖堂集》尚未為世人發現之前，位居「五燈」（即《傳燈錄》、《廣燈錄》、《續燈錄》、《聯燈會要》、《普燈錄》）之首。其成書於宋景德元年（一〇〇四），是在晚唐希運之後；如果希運確實曾宣揚看話禪，當有所記錄。但是，《傳燈錄》千七百多位僧人的記錄中，未曾有關看話禪的記錄；或可說明，希運可能未闡揚過看話禪，否則就是此法於當時不甚流行。

另一說為，看話禪起源於北宋楊岐派五祖法演禪師，其於上堂時曾舉趙州無字話頭，令人參究。據《法演禪師語錄．卷下》中的記載，法演禪師非常重視「無」字話頭，不單自己參究，而且運用它來教導弟子：

上堂舉。僧問趙州狗子還有佛性也無？州云：無。僧云：一切眾生皆有佛性，狗子為什麼卻無？州云：為伊有業識在。師云：大眾爾諸人，尋常作麼生會？老僧尋常只舉無字便休；爾若透得這一個字，天下人不奈爾何。爾諸人作麼生透，還有透得徹底麼？有則出來道看。我也不要爾道有，也不要爾道無，也不要爾道不有不無，爾作麼生道？珍重！

佛教在唐代經過會昌之廢佛毀釋之後，所有教派幾乎瀕臨滅亡，唯獨禪宗一枝獨秀日益隆盛，而分為五家七宗。幾經遞變，到戰亂不安的南宋初期，禪宗由不立文字、教外別傳，轉到以臨濟的公案禪法——文字禪（註五）、與曹洞宗的默照禪（註六）為主流。

但大慧宗杲認為此兩者無法令人真正開悟、了脫生死，其《大慧普覺禪師語錄・卷十七》言：

今時不但禪和子，便是士大夫聰明靈利博極群書底人，箇箇有兩般病：若不著意便是忘懷，忘懷則墮在黑山下鬼窟裡，教中謂之昏沉；著意則心識紛飛，一念續一念，前念未止，後念相續，教中謂之掉舉。……往往士大夫多是掉舉。而今諸方有一般默照邪禪，見士大夫為塵勞所障，方寸不寧怗，便教他寒灰枯木去，一條白練去，古廟香爐去，冷湫湫地去，將這箇休歇人。

宗杲說習文字禪的易產生「心識紛飛」、「方寸不寧」的「掉舉」現象；習默照禪的又「寒灰枯木去」，乃至「冷湫湫地去」。

大慧宗杲極力批判當時的各種禪法，包括默照禪、機鋒禪、文字禪、言語禪與落入合會教相的禪，其中以默照禪與文字禪為最。宗杲批評文字禪為學禪的大病：「今時學道人，不問僧俗，皆有二種大病：一種多學言句，於言句中作奇特想；一種不能見月亡指，於言句悟入。」甚至毅然焚毀其師的名作《碧巖錄》。

而對只教人靜坐，不求妙悟的默照禪，宗杲指責更是嚴厲，《語錄》中隨處可見：

此風（默照禪）……斷佛慧命，千佛出世，不通懺悔。（卷十七）

今時有一種剃頭外道，自眼不明，只管教人死獦狚地休去、歇去；若如此休歇，到千佛出世，也休歇不得，轉使心頭迷悶耳。又教人隨緣管帶，忘情默照；照來照去，帶來帶去，轉加迷悶，無有了期。殊失祖師方便，錯指示人，教人一向虛生浪死，更教人是事莫管，但只恁麼歇去。歇得來，情念不生，到恁麼時，不是冥然無知，直是惺惺歷歷，這般底更是毒害，瞎卻人眼！（卷二十五）

或以無言無說，坐在黑山下、鬼窟裡，閉眉合眼，謂之威音王那畔，父母未生時消息，亦謂之默而常照為禪者。如此等輩，不求妙悟，以悟為落在第二頭，以悟為誑謼人，以悟為建立，自既不曾悟，亦不信有悟底。妙喜常謂衲子輩說：世間工巧技藝，若無悟處，尚不得其妙，況欲脫生死？而只以口頭說靜，便要收殺，大似埋頭向東走，欲取西邊物，轉求轉遠，轉急轉遲。此輩名為可憐愍者，教中謂之謗大般若、斷佛慧命人。（卷三十）

因此，大慧宗杲便在眾說紛紜的禪門中，選擇大力提倡看話禪，以救當時禪法之弊端；他說：「今時邪師輩……疑誤後昆，山野不怕結怨，力詆之，以報佛恩，救末法之弊也。」由於宗杲的努力，看話禪逐漸成為禪宗重要的修持法門，宋元之後更盛，乃至影響至今。

（二）看話禪的意義

看話禪，是禪宗的一種修持法門，乃是藉由看話頭、起疑情而達到開悟的一種參學方式，又稱話頭禪、看話頭、參話頭、提起話頭、體究話頭。「看」，就是觀察、參究、觀照、體究；「話」，就是話頭、話題、公案；從古德的公案典故中擇一語句，作為參究審察的對象，就叫「話頭」。換言之，看話禪就是修行者把自己的念頭集中在一個「話頭」上，行住坐臥，念茲在茲，之後生起疑情，繼而打破疑情，由此開悟。

二、話頭的選取

修習看話禪，首先要選取話頭。明本汲取了宗杲的主張：選取看話禪的話頭，以「參活句，莫參死句」為原則，及吸收高峰選取「萬法歸一，一歸何處」的看法，進而採兼容並蓄的方式選取話頭。

宗杲針對看話禪的話頭，強調：「夫參學者，須參活句，莫參死句。活句下薦得，永劫不忘；死句下薦得，自救不了」（《語錄・卷十四》）。宗杲認為，參活句可以妙悟，故永劫不忘；若參死句，就會陷入思量分別的泥沼而不能自拔。（註七）

（一）「無」字話頭

宗杲要人們參究的活句話頭中，使用率最高的是「趙州狗子無佛性」中的「無」。據《古尊宿語錄．卷十三》中言：

僧問趙州禪師：「狗子還有佛性也無？」師云：「無。」學云：「上至諸佛，下至蟻子，皆有佛性，狗子為什麼無？」師云：「為伊有業識性在。」

一切眾生皆有佛性，上自諸佛，下至螻蟻，狗當然也不例外；唐代趙州從諗禪師（七七八至八九七）「無」的回答，是反語，屬於活句。宗杲便認為，只有活句才有啟悟的功能。（註八）

在宗杲之後，參究「無」字話頭已為禪僧們普遍接受。《大慧普覺禪師法語錄．卷十九》中提出了參話頭的方法：

僧問趙州：狗子還有佛性也無？州云：無！看時不用摶量，不用註解，不用要得分曉，不用向開口處承當，不用向舉起處作道理，不用墮在空寂處，不用將心等悟，不用向宗師說處領略，不用掉在無事甲裡。

總言之，「無」字話頭，不能解釋，不能分析，不能把它作為有「無」之「無」看待，就此參去。

明本則進一步把「無」字話頭比喻為倚天長劍、塗毒鼓聲，碰觸到就尸橫、魂喪，威力大到連佛祖都無法正眼視之，如其在《中峰和尚廣錄．卷五下》云：

昔僧問趙州：狗子還有佛性也無？州云：無。只這一箇無字，如倚天長劍、塗毒鼓聲，觸之則尸橫，嬰之則魂喪，雖佛祖亦不敢正眼覷著。……若要洞明佛祖大意，廓徹自己真心，不妨將此箇無字，置之文字案牘間，懸之語默動靜裡，密密自看，是甚麼道理，且趙州因甚麼道箇無字。行而參、坐而究、朝而思、暮而疑，不得暫時忘念。

由此可知明本對「無」字話頭的肯定；明本甚至還要當時另一位高僧麟上人以「無」字話頭取代其他話頭來參究，如《天目明本禪師雜錄．卷三．示足庵麟上人》的記載：

麟上人從前參「釋迦彌勒是它奴，且道它是阿誰？」今時人參此語，多要墮落知解，妄認識情，顛倒分別，引起邪見，失佛知見。此去但只去參個「趙州因甚道個『無』字」。十二時中猛提起，一切處只如參，久之自然正悟，斷不相賺。記取記取。

（二）「萬法歸一，一歸何處」話頭

在話頭的選取上，高峰由參「無」字話頭不得力，轉為參「萬法歸一，一歸何處」而開悟，因此他多教弟子參究「萬法歸一，一歸何處」。《高峰原妙禪師語錄．卷一》中云：

> 設要起疑，亦無下手處；設使下得手疑得去，只頃刻間，又未免被昏散打作兩橛。於是空費許多光陰，空喫許多生受，略無些子進趣。「一歸何處？」卻與「無」字不同，且是疑情易發，一舉便有，不待反覆思惟，計較作意。

高峰指出，「無」字話頭沒有起疑情的下手處；縱有，也只能維持片刻。

不若「萬法歸一，一歸何處」話頭，疑情易發，一舉便有。

因應高峰所言，參「無」字易感無下手處起疑，明本教參「無」字時就改成問句的方式。他在《天目明本禪師雜錄．卷二．示因禪人》中云：

> 參「無」字，只要向「無」字上起疑情，參道「趙州因甚道箇無字？」十二時中只與麼參。正當參時，不問有思量分別、無思量分別；有思量、無思量屬妄想，如今只要你單單向所參話上起疑情。

從文中可知，明本所教參的「無」字，並不是單選取一個「無」字為話頭，而是改成「趙州因甚道箇無字？」的問句。

明本也經常教人參「萬法歸一，一歸何處」，由《中峰廣錄．卷四之下．示普喜上人問五蘊生死》中的描述即知：

> 終日心無異緣，意絕妄想，卻單以生死無常為重，提起者僧問底話頭道：「萬法歸一，一歸何處？」行而參，坐而參，莫問閑忙靜鬧，拌得此一生與之抵

捱。

不過，明本與高峰不同的是，高峰只重視此公案的問話，明本則不只重視問話，也重視答話。其在《中峰和尚廣錄．卷四之下》云：

昔僧問趙州：「萬法歸一，一歸何處？」生死無常，銀山鐵壁，盡在此問處。趙州道：「我在青州做領布衫，重七斤。」神出鬼沒，瞎棒盲枷，盡在此答處。會得問處，則銀山鐵壁，面面通穿；生死無常，塵塵透脫。會得答處，則神出鬼沒，當體不痕；瞎棒盲枷，全機殺活。若也不會，便見問在答處，答在問處，問答交馳無偏入處；既無入處，且只向入不得處，猛加精神，立定腳頭。

（三）「箇生死事大，無常迅速」、「四大分散時，向何處安身立命」、「箇死了燒了，那箇是我性」等話頭

隨著歲月、修持的增長，明本所選取的話頭更為多元，不再局限於祖師公

案的答話或問話，舉凡佛教的道理、經論中的文句，都可拿來參究。如《中峰和尚廣錄》中記載：

若欲必求正悟，別無方便，但將「箇生死事大，無常迅速」之要言，蘊于八識田中，念念勿令間斷。政爾無間斷時，忽有佛祖以成現三昧注入我心，亦須吐卻，此事使佛祖果有教人之理，只消與麼教去，又何待人悟入耶？（《廣錄．卷五之上》）

但請發起一念決定信心，參箇「四大分散時，向何處安身立命？」盡此餘生密密參究，久遠不退，廓悟自心。（《廣錄．卷六》）

今日要得此心不為迷妄所惑，別無方便，但單單提起「箇死了燒了，那箇是我性？」十二時中如金剛利劍在手……先向八識田中盡力一揮……（《廣錄．卷四之上》）

「須彌山」日用中不妨舉此話，默默自看，如何是「須彌山」？……參此話

頭，久久純熟，忽爾開悟。（《廣錄．卷六》）

總言一句話，明本發展出自己的風格，擴大了話頭選取的範圍。

三、參究之要領

以看話禪之禪修方法來參究，其步驟首在選取話頭，次在實際參究。參究之要領，依明本的著述，可歸納為三點——

（一）參禪無密訣，唯生死切

明本云：「參禪無密訣，唯有生死切。」（《廣錄．卷四之上》）佛法的修持以了脫生死為重；在看法禪的參究中，也以了脫生死之心的真切為重；生死心真切，才能生起疑情，功夫方能做得上。對生死問題的重視，也是明本一系禪法的特徵。

在明本著作中隨時可見：「參禪一著，要辭生死」、「痛以生死為己重任」的說法；其認為，生死無常是禪之骨髓，禪是生死無常之眼目，《中峰和尚廣錄・卷二十・東話西語續集》便云：

所謂禪者，非玄學，非奇解，非密授，非祕傳，是眾生本有之性，元是諸佛所證之三昧。若欲契悟，切須實的以「生死無常」四字，是萬劫未了底最大因緣；若不就此一生和盤翻轉，盡未來際應無了期。如是發心更無異見，久久心念絕，伎倆忘，驀忽一翻，方知生死無常即是禪之骨髓，禪即是生死無常之眼目。然後禪與生死骨髓眼自亦皆剗除，便見咳唾掉臂總是祖師西來意也，自然頭頭上明，物物上顯，方知果然不是玄妙祕密也。你若實不為生死無常而欲務禪者，則與西天九十六種人（意指九十六種外道）略不少異矣。

明本把「生死無常」視為開悟解脫的主要因緣，其認為看話禪的前提就是要信生死輪迴是苦，信通過自己的修行，可解輪迴之苦。如其在《中峰和尚廣錄・卷四之上・示高麗收樞空昭聰五長老》中言：

參禪是參自己禪，非參佛祖善知識禪也。所謂禪者，蓋遠從多劫前因地所迷，引起生死迷，乃是自己迷，不因境迷，不因物迷，亦非佛使其迷，又非天地鬼神、冤親眷屬使其迷也。以其自迷，故今日若不肯力叩，自己親自信向，自發肯心，向自家己躬下真參實究一回，以俟其自悟無有是處。其所悟處，不悟佛境，不悟祖緣，不悟他心，不悟外法，皆是自悟其自己遠從多劫以來所迷底生死差別情妄耳。以其自悟，故則自己生死空，自己差別盡，自己情妄消；即其生死悟於自心，而更欲覓生死於自己了不可得。

明本將禪與生死相連，說遠從無量劫前因地所迷，而引起生死迷；不是因外境、外物而引起，也不是因佛、天地鬼神、冤親眷屬而起，全因自己迷惑；所以，也只有靠自己努力，自悟自證，從生死中解脫。這無非是將「生死無常」作為參禪之動力。

（二）破除昏散心，死盡偷心

參禪打坐，不管採取何種法門，昏沉、散亂心生起，是初學者常常會碰到的課題。明本站在看話禪行者的立場，提出其看法。《天目明本禪師雜錄．卷二》中云：

且如正看話頭之頃，忽爾昏散、順逆等境現前，便當奮起精神向昏散、順逆中看。久久昏散、順逆、情妄自消耳。有人見此昏散、順逆等現前，便乃瞥生疑妄，謂畢竟別有何方便可以去此昏散等習？又乃歸咎於根器、宿業及種種境緣才起此心，則於昏散上重加昏散，順逆中又添順逆也。所以教你昏沉、散亂時，只就昏沉、散亂上看。也不是別有何物可看，亦不是看昏沉散亂是何物，亦不教你於昏散、順逆等別尋巴鼻。只教你便就昏散等上單單提起話頭自看，永不放捨。……大凡做工夫，只要悟話頭，不要你排遣昏散等。你但痛念生死無常大事，單單提箇話頭，起大疑情，以求正悟。惟是生死念切，自然話頭綿密；於看話頭綿密處，昏散等自然不現。凡是做工夫時見有昏散等，即是你念生死之心不切，看話頭之念不密耳。

明本認為，參究看話頭時，若生起昏散、順逆，對治之法就是提起精神繼續參究話頭；如此一來，昏散、順逆自然會消失。如果妄想用其他方法去除昏散、順逆，或歸咎於自己的根器、宿業及種種因緣才生起昏散、順逆心，只會使得昏散、順逆更為嚴重。如前所言「生死無常即是禪之骨髓」，明本進一步說，不用刻意破除昏散之心，只要真切痛念生死無常，參話頭自然綿密，昏散之心自然不會現起。

念不一、事難成，更何況是成賢成聖的禪修功夫，更該「死盡偷心」。何謂「偷心」？明本在《天目明本禪師雜錄．卷一．示眾》中，對偷心有詳細的描述：

何謂偷心？但離卻箇所參底話外，別見有箇自己，是偷心；於所見之自己外，別見有人有我，是偷心；做得純熟時知道純熟，是偷心；做不純熟時知道不純熟，是偷心；面前見有昏沉散亂時，是偷心；不見有昏沉散亂，唯有箇所參底話頭與疑情交結不斷時，是偷心；但是看話頭處瞥生一念子，不問是凡是聖，是真是偽，總言之皆偷心也。忽有箇伶俐人，向予說處總不相干，別資一路為道、為理、為見、為聞，此又是偷心中之偷心。

對內外塵緣產生分別、執著，是偷心；意識到人、我，功夫純不純熟，是偷心；了別昏沉、散亂與否，是偷心；了別話頭與疑情，是偷心；分別凡聖、真偽等諸類，是偷心；甚至，有人將此偷心話語加以分析理解，更是偷心中之偷心。明本更將生死喻為大病、佛法喻為良藥、偷心比喻為藥之忌，《中峰和尚廣錄．卷十一之中》有云：

生死是大病，佛祖言教是良藥，偷心是藥之所忌。以佛祖言教治生死之大病……安有不治之理，惟是藥有所忌。古人純服藥，鮮有不獲其神效者；今人方藥之未已，而繼投之以忌，不惟不治其病，將見增益異。

總之，想治其病，當去藥之忌，死盡偷心；「偷心未盡，道業難成」。明本進一步強調死盡偷心的重要，如《天目明本禪師雜錄．卷二》中云：

古人學道之有靈驗者，蓋偷心死盡故也。使偷心一毫死不盡，則萬劫無有自成之理。直而論之，死得一分偷心，則是學得一分道；死得偷心五分，則是學得五分道；偷心全無，則全體是道。蓋偷心之障道，猶飛埃遊塵之覆鏡光也。今人惟知有道可成，而不知有偷心可盡。或偷心之未盡，而欲道之有所成，是猶坐臥於水中求其不濕，天下古今無是理也。

死了一分偷心，學得一分道；死得偷心五分，學得五分道；偷心全無，則全體是道。偷心未盡，而想道業有成，此理天下無。

（三）不起第二念，發起疑情

「疑有十分，悟就十分」，參話頭最重要的是在舉起話頭時起疑情；因為，疑情是開悟的關鍵，大疑大悟，小疑小悟，不疑不悟。但是，如何提起疑情？

《天目明本禪師雜錄．卷二》云：

於是，近代尊宿不得已將箇沒義味話頭嚮在你八識田中，教你去卻一切知解，單單只向此話之所未曉處疑著。其所疑者，如撞著箇銀山鐵壁相似，面前更無寸步可進，纔起第二念，便是落思量；但不起第二念，即是疑情。其疑情中自然截斷一切知見、解會等病……工夫上說起疑情，當知疑情初無指授，亦無體段，亦無知覺，亦無把柄，亦無趣向，亦無方便，亦無做作安排等事，更無別有道理，可以排遣得教你起疑。其所謂疑者，但只是你為自己躬下一段生死大事未曾明了，單單只是疑此生死大事，因甚麼遠從無量劫來流轉迨今，是甚麼巴鼻；又因甚麼從今日流入盡未來際，決定有甚了期。只這箇便是疑處。從上佛祖皆從此疑……

明本清楚地指出，起疑情沒有方便、沒有知覺、沒有把柄、沒有趣向、沒有……起疑情就在參話頭的不明白處起疑；換言之，起疑情是專注在話頭的不明白處，不起第二念的狀態下，自然生起。而何謂不起第二念？明本認為，除念念心繫於話頭的念外，其餘的念皆是第二念。《中峰和尚廣錄．卷四之上》有進一步的說明：

所言不起第二念者，於政扣已而參處，卒急不相應時，驀忽瞥生一念，謂我莫是根器劣麼？是第二念；謂我莫是罪障深麼？是第二念；莫別有方便麼？是第二念；謂此工夫實是難做，也是第二念；謂是易做，也是第二念；於甚易做處生歡喜心，也是第二念；於艱難境中做不上處起怕懼心，也是第二念；更有一般伶俐漢，見恁麼說了，便云我但一切坐斷，都不起心，正落第二念了也。

明本一再保證，不起第二念，發起疑情，守住一個話頭，二十年、三十年，自然有悟入之期。《中峰和尚廣錄．卷四之上》裡有他清楚的表示：「教爾發起大信心，直下不起第二念，單單於話頭上，奮起大疑情……心不隨緣、意不逐物、識不拘境、意不染塵，三十年、二十年首尾通貫，不覺自然有箇入處矣！」

舉正宗門之弊病

宋末元初之際，中國處於政權轉移的動蕩時期；而在禪宗宗門內，也由標榜「不立文字，教外別傳」的初期禪宗，經五家七宗的各家爭豔，產生宋代的默照禪、看話禪、文字禪……元代禪宗沿襲著過去的思想，也沿襲著過去的流弊，甚至有過而無不及。明本就針對當時禪門衰落的現象，痛心地提出針砭：

後代以來，宗門下不合有許多露布葛藤，往往脚未跨門，便被此一等語言引誘將去，墮在葛藤窠臼中，喚作佛法，喚作禪道，流入知解羅網中不得出頭；惟益多聞乃所知障，於道實不曾有交涉。（《雜錄．卷二》）

達磨西來謂之單傳直指，初無委曲；後來法久成弊，生出異端。或五位君臣、四種料揀、三關九帶、十智同真，各立門庭，互相提唱。雖則一期建立，卻不思賺他後代兒孫，一箇箇渾身墮在參天荊棘中；枝上攀枝，蔓上引蔓，但見葛藤遍地，無有出期。逗到頭白齒黃，忽然命根子於欲斷未斷之際，返思從前知解，毫髮無靈，甘赴死門，悔將奚？及近代蕞（叢）林如此參學者，波蕩風靡，十人而九矣。……望他法社之興，蕞席之盛，其可得哉？（《廣錄．卷一》）

明本認為，達磨最初所傳的禪法是直指人心、見性成佛；後來，宗師們為接引各根機的學人，開創出各宗各派的學說，例如曹山本寂（八四〇至九〇一）的五位君臣、臨濟義玄（？至八六七）的四料揀（簡）（註九）、黃龍慧南（一〇〇二至一〇六九）的「三關」、浮山法遠（九九一至一〇六七）的「九帶」（註十）、汾陽善昭（九四七至一〇二四）的「十智同真」（註十一）等。後人捨本逐末，不會祖師之意，流於模仿其學說，拘泥於文字葛藤中。依文解義的禪法盛行，以致禪法難興，宗門難盛。

一、學人的弊病

大德年間，明本於幻住庵為大眾開示法要時，針對學人提出六類弊端，收於《中峰和尚廣錄．卷一》——

（一）參禪無成而轉於埋首經教者

中間多有一等好兄弟，不能發決定志，因做到不奈何，無下手處，著腳不牢，便生退屈。正此擬議，驀地被人牽引向冊子上論量，經教中引喻，不待悟明，自立知見，直饒儞論得諦當，喻得明白，殊不知正是依他作解，障自悟門，雜毒入心，佛亦難救。

這類學人修行意志不堅定，參禪一段時間不見成效，即轉而研讀經論；但是，儘管把經論研究得十分透徹，也非自己的體悟。殊不知，障礙開悟的，就是將祖師的言語或佛祖的經論，當成自身的悟境。

（二）自信不足、不敢直接由參禪入道者

更有人謂：我根器狹劣，卒不可到，先且發菩提心，與普賢願，兼修白業以為由漸者；此等謂之孤負己靈，埋沒先德。

這類學人認為自己根機狹劣，直接參禪難有所成就，故以發菩提心、與普賢願、廣修善業為漸進之門；殊不知，這是辜負自己本具之佛性，也辜負了先德們諄諄善誘的苦心。

（三）博覽群書以求勝解者

又有人謂：道無言而不顯，體無用而不彰；便乃漁獵見聞、博求勝解者，此

等謂之癡狂外邊走。

此類學人認為體需用方得彰顯，因此，認為道也須用語言方能彰顯。所以，便致力於博覽群書，以求勝解。殊不知，以方便為究竟的心外求法行徑，只是遊走在佛法的外圍。

（四）捨棄四大、屏除六情、耽著於定境者

又有人謂：昏沉散亂，似難屏除；便乃息慮停機，枯心死志，坐在蒲團上，如一堆朽木相似，忽然忘四大、虛六情，以為極則者，此等謂之解脫深坑死水裡浸。

此類學人認為只要死心坐禪、斷除一切念頭，便可達至開悟究竟之境界；卻不知，禪宗是活潑任運自在，行住坐臥皆可行禪。此類學人就如解脫深坑死水裡浸，難有開悟之日。

（五）妄認見聞覺知的心識爲法身者

又有人認箇昭昭靈靈鑑覺者為自己法身，便謂山河大地不礙眼光，明暗色空元非他物，一認認定，此等謂之喚驢鞍橋作阿爺下頷。

此類學人實未開悟，卻誤以為已經開悟，將坐禪時所進入的清明狀態視為已見到法身，殊不知此類學人卻是愚癡不辨真假。

（六）對古人接引學人的方法加以穿鑿附會者

又有人向他古人垂手處妄生穿鑿，謂一句是半提，兩句是全提，揣按不行處喚作向上機，坐脫立亡喚作末後句，中間又將古人語言透漏處從頭註解，口耳相傳，以為究竟者。此等皆是西天九十六種之數，中間差別異端，不可枚舉。

這類學人著重於分析古人開悟的因緣、揣摩公案的含義，強作解人：所謂一句是半提，兩句是全提，不行處就稱為向上機，坐脫立亡喚作末後句。將古人言行註解詮釋，視為究竟真理般地口耳相傳；殊不知，此類學人宛如印度九十六外道之徒，不知禪宗真義。

明本針對六類學人的弊病，總結道：

總而言之無他。蓋為當人元無正念，不發真心，又不曾實為生死大事，兼之又不具參學眼目，別白邪正師法，所以坐在裡許不肯知非，遂致紅紫亂朱，使他晚學初機難於趣向。

簡而言之，明本認為，學人之所以會犯此六類毛病，在於缺乏正念，又生死心不切，加上不具備參學眼目，以致難辨師法邪正。總之，學人在此六類弊端充塞的禪門環境中，如紅紫亂朱般地惑亂視聽，難以趨向正途。

二、師家的弊病

為人師者的接引、教導，對初學者的知見和行為有著絕對性的影響。所以，明本除了對參禪者提出老婆心切的規勸外，並痛斥師家的諸多弊病。如《中峰和尚廣錄．卷十一之上．山房夜話》中言：

今之禪流，將欲據大牀，揮麈尾，首取諸家語要揀擇記持，及漁獵百氏之雜說以資談柄者，是說禪之師也。不惟不能與人解黏去縛，而亦自失本真，喪壞道眼。如此妄習互相趨尚，既失祖庭之重望，又安有所謂起叢林、與法社之理哉？……近來叢林欲速於得人，亦不待學者聰利，師家把著本子，逐一句如教童蒙讀上大人相似，欲其領會，共資玄化，此無異吹網欲滿者。

明本針對以記持揀擇諸家語要、及漁獵諸子百家之雜說為手段的師家，加以評論；他認為，這樣的師家不單不能替學人解黏去縛，甚至使其喪失本具本性，難以開悟。另有師家為讓學人盡速開悟，不論學人聰利與否，逐字教導古人公案，如教導小孩寫「上大人」（註十二）般；明本也說，如此的教導只使學人思想僵化，落於前人見解窠臼中，對法的真切體悟反成障礙。

明本更在《中峰和尚廣錄．卷四之上．示雲南通講主》中，明確評論師家的四種流弊——

（一）以爲屏除外緣、專心習定即能開悟者

或潛形避影、遏捺心念、一物不為、以求相應者，不知是深沉死水，卻引他長慶坐破蒲團，趙州不雜用心，以至莫妄想、放下著古廟香爐、休去歇去等語為證，何異守株待兔、緣木求魚？

此等師家隱居山林、草庵，不露形跡，遏止心念起伏，捨棄俗事，以求於禪相應，卻不知只是死水一潭。雖引用長慶坐破蒲團、趙州二六時中不雜用心、四十年打成一片（註十三）的祖師風範來替自己辯護，認為莫妄想、放下、休去、歇去，即可開悟；卻不知，這乃是守株待兔、緣木求魚，終難成就。

（二）認爲生活中隨事逐境、強作主宰分別即可開悟者

或有隨事逐境、一切處強作主宰、以待觸著磕著者，不知是擔枷帶鎖，卻引他楊岐做監寺、雲峰充化主、寶壽作街坊，及引南嶽磨磚作鏡、打車打牛等語為證者，何異撥火覓漚、刻舟求劍？

此等師家隨事逐境，一切強作主宰分別；殊不知，只是擔枷帶鎖、徒增加無謂的負擔罷了。這般師家卻還引用楊岐方會禪師做監寺、雲峰悅充化主（為生眾乞食）、寶壽禪師行腳於街坊、南嶽懷讓禪師磨磚作鏡等例子來合理化自己的行為；就如同撥火覓漚、刻舟求劍，自然無法成就。

（三）認爲隨緣任性而過、自然會有開悟一天者

又或有心不異緣、情不附物，終日只麼閑閑地取性過時，以待其自然領悟者，自不知是坐在無事甲裡，卻引他趙州洗鉢（註十四）、龍潭送餅（註十五）、香嚴

住菴、溈山撥火（註十六），及修證則不無、汙染即不得等語為證；何異手執艾、鏡，夜對黑月，待火自出，終無是處。

此等師家認為，心不著物，一天一天隨緣任性而過，自然會有開悟一天；卻不知已落入無所事事之中。還引用趙州洗鉢、龍潭送餅、香嚴住菴、溈山撥火等為例來說明修無所修、證無所證，自性本自具足。不知此行如手拿艾、鏡，對著黑夜裡的月亮，希望藉此產生火苗，終難以成就。

（四）明空有學問而無實修者

或有漁獵古今、該博聞見，向五蘊身中認箇主宰，不肯信有悟門；自不知是雜毒入心，卻引他古人一種垂慈方便等語為證，便乃旁求經論、曲引諸文、羅綺語言以相眩惑者，何異以羊袖續狐白之裘，不自知其非也。

此等師家博覽群書、滿腹經論，於五蘊中認為有個「我」，卻不相信有修行開悟之道，只道此為古人垂慈方便。此恰如以昂貴的狐毛為衣身，卻用廉價的羊毛作其袖，說明空有學問而無實修之弊。

明本總結說道：「如上所舉，皆是初無正見，妄認偷心，坐在八識中，將古人善巧方便總作實法會了也；所謂醍醐上味為世所珍，遇斯等人翻成毒藥。若與麼商量已躬下事，饒儞弄到彌勒下生，轉沒交涉；豈但沒交涉，將恐反招罪戾，疑誤後人矣！」

以上四類師家的毛病源於，自身沒有正見，而以古人善巧方便為實法；就如珍貴的醍醐，因不善用，反成毒藥。若抱持這樣的見解來修持，非但於己無異，還會貽誤後人。

三、公案的作用

「公案」一詞是中國以前法律用詞之一，指法院的判決判例。明本雖也批評學人、師家空談公案之弊病，但並不表示他完全否認公案的功用。據《中峰和尚廣錄．卷十一之上．山房夜話》中言：

或問：佛祖機緣，世稱公案者何耶？幻曰：公案，乃喻乎公府之案牘也。法之所在，而王道之治亂實係焉。公者，乃聖賢一其轍，天下同其途之至理也；案者，乃記聖賢為理之正文也。凡有天下者，未嘗無公府；有公府者，未嘗無案牘。蓋欲取以為法，而斷天下之不正者也。公案行則理法用，理法用則天下正，天下正則王道治矣。

依明本的解釋，「公案」指公府案牘。就世間法言，「公」，是聖賢與天下人共同遵循之真理；「案」，是賢聖治理天下所依之正文。公府案牘的作用是為了斷除天下之不正，公府案牘行於世方能天下正、王道治。於《廣錄．卷十一之上》中有更明確的解釋：

夫佛祖機緣，目之曰公案亦爾。蓋非一人之臆見，乃會靈源；契妙旨、破生死、越情量，與三世十方百千開士同稟之至理也。且不可以義解，不可以言傳，不可以文詮，不可以識度；如塗毒鼓聞者皆喪，如大火聚嬰之則燎，故靈山謂之別傳者傳此也，少林謂之直指者指此也。……公者，防其已解案者，必期與佛祖契同也。

明本賦予「公案」二字新解：「公」為防其已解案者，「案」則意為必期與佛祖契同也；換言之，防止加入個人一己之見解，同時要與佛祖之意相契，方稱公案。明本認為，參究公案而達到的境界與見處，無法透過言語和一般思惟方式來親證，其非一人之臆測見解，而是與三世十方佛菩薩一樣的佛法世界。明本並比喻公案有如：

公案即燭情識昏暗之慧炬也，揭見聞翳膜之金篦也，斷生死命根之利斧也，鑑聖凡面目之神鏡也；祖意以之廓明，佛心以之開顯。

世人有紛爭訴訟時，必求理於公府，而官府就會以案牘為評理依據；就像修行者有所解悟、但不能自決而求證於師時，師就會舉公案勘驗之，祖意、佛心亦因而廓明、開顯。明本說：「然公案通則情識盡，情識盡則生死空，生死空則佛道治矣！」顯見其對「公案」的肯定。明本進一步說明其目的：

古人或匡徒之隙，或掩關之暇時，取以拈之、判之、頌之、別之，豈為炫耀見聞，抗衡古德而然？蓋痛思大法之將弊，故曲施方便，開鑿後昆之智眼，欲俾其共證之爾。

古人將公案加以拈頌、判別，並非為了炫耀自己的見聞，或與古德抗衡，而是痛心佛法的衰敗，因而方便使後人掌握古德於公案中的應化事蹟，進而開啟智眼，獲得體證。

《廣錄．卷十一》之中記載著明本對《碧巖錄》復刊所抱持的態度，由此可知其對「公案」的看法。明本云：

無邊眾生各各腳跟下有一則現成公案，靈山四十九年詮註不出，達磨萬里西來指點不破，至若德山、臨濟摸索不著此，又豈雪竇能頌，而圓悟能判者哉？

縱使《碧巖集》有百千萬卷，於他現成公案上，一何加損焉？昔妙喜（大慧宗杲，號「妙喜」）不窮此理而碎其板，大似禁石女之勿生兒也。今復刊此板之士，將有意於攛掇石女之生兒乎？益可笑也！

明本認為，無邊眾生各自具備一則真實不造作的現成公案；此公案，佛陀四十九年說法詮註不出，達磨萬里西來指點不破，德山、臨濟摸索不著；若是如此，又豈雪竇能頌、圓悟能判？換言之，《碧巖錄》縱使有百千萬卷，對見性成佛並無直接關係；因此，大慧燒版與今復刊皆屬多餘之舉。故明本云：

今古學者不達其語言方便，指以為實法，各執所解，異見紛然，鼓舞於是非之場，交馳於能所之轍，俾一大藏教去《碧巖集》亦不相遠旦聖教尚爾，況他文字乎！雖然逮極究言教之得失，實在當人為己事之真切、不真切耳？或為己事真切，則知片言隻字果有超越生死之驗，如教中謂鵝主擇乳也，或師資之間誠有志於克明己事，荷負宗乘，決不肯依文解義，自能扣己而參，政不在《碧巖集》之有無也，何足議哉！

由以上引文可知，對明本而言，無論是古人公案還是近人頌解，都是順應群機之方便施設，實亦無可執著。

會通思想

在元朝「崇教抑禪」的政策下，明本為取得禪宗與其他教派同等的地位，及為禪宗爭取更大的發展空間，不得不調和佛教各教派的不同論點，因此提出了禪淨融合、禪教合一、四宗一旨（密、教、律、禪）的會通思想。

禪淨融合

宋朝之後，禪淨融合成為中國佛教的主流，是不爭的事實。追溯其源頭，可知初唐慧日（六八〇至七〇六）、中唐圭峰宗密（七八四至八四一）皆為先驅；至於使得禪淨融合的思想大為發展的關鍵人物，則是唐末五代的永明延壽禪師（九〇四至九七六）。

出身禪門的明本，也受永明延壽影響，一方面立足於禪宗弘揚看話禪，一方面又提倡淨土念佛往生西方。其著作如《三時繫念》、〈懷淨土詩〉、〈勸念阿彌陀偈誦〉中，皆含有淨土思想；乃至《幻住清規》的〈攝養〉、〈津送〉裡，也有淨土思想的發揮。明本禪淨融合的思想，可從唯心淨土、體一名二、淨土禪化三方面來說明。

一、唯心淨土

五代宋初以後，淨土思想盛行，禪宗從唯心淨土的立場，攝納念佛法門，形成禪淨合流之勢；明本亦受影響，以「一心生萬法」建立唯心淨土論。

唯心淨土，即以「心」為一切的根源，淨土也是清淨的心識所變現。明本從法性統攝「生」與「無生」，進而建構「我心即彌陀，此方即淨土」的唯心淨土觀。

明本先解釋「生」、「無生」、「法性」，在《三時繫念佛事》中敘述：

生而無生，法性湛然；無生而生，業果嚴然。所謂「生」者，即眾生生滅之迹也；謂「無生」者，即諸佛寂滅之本也。法性湛然者，靈明湛寂，元妙真常，箇箇不無，人人本具。……生自緣生，而法性不與緣俱生；滅自緣滅，而法性不與緣俱滅。

明本進一步說明，生與無生的差別關鍵在迷或悟：

諸佛於儼然生滅中唯見無生，眾生於湛然無生中唯見生滅；只因迷悟之有差，遂致現量之不一。實乃生無自性，無生亦無自性；悟則生滅皆無生，迷則無生皆生滅。所以離此別無，是乃一體而異名也。

最後，由生與無生同一體性（法性），明本指出，自心與阿彌陀佛無二無別，此方世界亦同淨土：

則阿彌陀佛即是我心，我心即是阿彌陀佛；淨土即此方，此方即淨土。亦迷悟之自殊，非聖凡彼此之有間。

《三時繫念儀範》中言：「若曰法身，即此心是；若曰淨土，亦此心是。」明本將淨土歸於唯心所現，心生種種法生，心滅種種法滅，諸法不自生，諸法不自滅，皆一心所變。

二、體一名二

禪宗重自力、重此時、重此方，淨土宗重他力、重他時、重他方；截然不同的兩個修持宗派，如何融合？

明本將淨土與禪統一於心，來息滅禪淨紛爭。如《中峰和尚廣錄．卷十一之上》中言：

淨土心也，禪亦心也，體一而名二也。迷者執其名以昧其體，悟者達其體以會其名。

明本以為，淨土與禪乃體一而名二。迷者盡在禪、淨的名相上執著，而不知其本體是無二無別；悟者能直接通達本體而會其名，也就不會因事相上的差異而引起無謂的爭論。

論說禪、淨孰高？孰低？明本除用「體一名二」的理論來消弭爭執，再從生死大事的角度切入論說。《中峰和尚廣錄．卷五之下》中云：

禪即淨土之禪，淨土乃禪之淨土。……參禪要了生死，而念佛亦要了生死。原夫生死無根，由迷本性而生焉；若洞見本性，則生死不待蕩而遣矣！生死既遣，則禪云乎哉？淨土云乎哉？

明本認為，禪是淨土的禪、淨土為禪的淨土，參禪與念佛皆是為了生死。

就根本而言，生死是迷於本性而起；若能洞見本性，生死問題自然解決；生死問題若解決，豈還有禪、淨之問題？

然而，還是有人質疑，尤其是看過永明禪淨四料揀（簡）之修學者；如西歸子就舉四料簡之「有禪無淨土，十人九蹉路」為理據，批評禪宗之不足。此詳細記載於《中峰廣錄．卷十一之上》：

有號「西歸子」者過門曰：某念阿彌陀佛求生淨土，其透脫生死似易於參禪，蓋遠承阿彌陀佛願力冥資故也。爾參禪無把捉，無聖力冥資，苟非大根利器、一聞千悟者，難於趣入。以故永明壽禪師有「十人九蹉路」之譏！

禪淨四料揀，是對參禪與念佛作出四方面的揀擇。據後人研究，傳統認為禪淨四料揀為永明延壽所著；但檢視其現存之著作，卻未發現禪淨四料揀之文。直到明代大佑編撰之《淨土指歸集》，才看到完整的禪淨四料揀：

有禪無淨土，十人九蹉路；陰境若現前，瞥爾隨他去。

無禪有淨土，萬修萬人去；但得見彌陀，何愁不開悟。
有禪有淨土，猶如戴角虎；現世為人師，來生作佛祖。
無禪無淨土，鐵床並銅柱；萬劫與千生，沒個人依怙。

四料揀第一句「有禪無淨土」的意思是：有明心見性功夫的人，若不發願往生西方，十人之中有九人會走錯路；第二句「無禪有淨土」的意思是：不參禪、只修持淨土法門者，都得以往生淨土，受阿彌陀佛教導，何愁不開悟？第三句「有禪有淨土」的意思是：若是禪淨雙修，就像老虎戴上了尖角、更加威猛有力，於現世能為人師，來世亦能因開悟或往生淨土而成道。

從字面意義來看，四料揀雖有推崇禪淨雙修之意，卻亦含有念佛優於參禪之理。

明本斥責西歸子不懂曲徇機宜、方便抑揚之理，並認為四料揀只是應眾生根機而作的權宜之說；不管是參禪或念佛，目的都是為了洞見生死。明本指出西歸子之錯謬：

咄！是何言歟？審如是，則淨土外別有禪耶？使果有之，則佛法二字自相矛盾，安有會入圓融之理哉？爾不達善權方便，局於己見，誣謗先哲。夫永明揀禪、淨土為四句，乃曲徇機宜，特方便抑揚耳，蓋教中所謂於一乘道分別說三之意也。(註十七)

《廣錄．卷二十八》中對「禪即淨土，淨土即禪」尚有說明：

永明和尚以禪與淨土揀為四句，謂「有禪有淨土」、「無禪無淨土」、「有禪無淨土」、「無禪有淨土」，特辭而辨之，乃多於淨土也，致業單傳者，不能無惑焉。或謂禪即淨土、淨土即禪，離禪外安有淨土可歸離，淨土豈有禪門可入？審如前說，則似以一法岐而為二矣。不然，教中有於一乘道分別說三，永明之意在焉。

《廣錄．卷五之下》，則從兩大菩薩的修行法門予以解釋：

昔大勢至菩薩以念佛心得無生忍，觀世音大士從聞思修三慧取證圓通，今之禪乎？淨土乎？皆二大士之遺意也。二大士常侍安養導師左右，未嘗少悖；今二宗之學者，何所見而獨悖之耶？予返復求之，遂得其悖之之源，試略言之，蓋二宗之學者不本乎生死大事耳。以不痛心於生死，禪則耕空言以自高，淨土則常作為而自足；由是，是非倒見雜然前陳。

明本認為，禪、淨皆為大勢至與觀音兩大菩薩之修行法門；兩大菩薩常侍於阿彌陀佛左右，不曾有任何衝突，如今的禪、淨二宗為何卻產生爭論？只緣二宗之學者不痛念生死，學禪者空談於禪理，淨土行者也只滿足於念佛等行；因此，雙方才各執一端，爭論不休……

總之，明本認為禪與淨是體一而名二，不可分割，更無高下對立之別，其言「惟禪惟淨土，非下亦非高」（《廣錄．卷二十八》）、「禪外不曾談淨土，須知淨土外無禪；兩重公案都拈却，熊耳峯開五葉蓮。」（《雜錄．卷三》），

（熊耳峰是達磨祖師辭世後埋葬之地，意指禪宗）換言之，禪不離淨土，淨土不離禪，禪淨不二。

三、淨土禪化

明本雖兼弘淨土，但其本意還是弘揚禪宗為主，根據其所作的《雜錄．卷三》收入的〈懷淨土詩〉，可看出些許端倪：

> 自家一箇彌陀佛，論劫何曾著眼看。……世界何緣稱極樂，只因眾苦不相侵；道人若要尋歸路，但向塵中自了心。……諸苦盡從貪瞋起，不知貪欲起於何；因忘自性彌陀佛，異念紛馳總是魔。

明本還是以贊頌禪宗的唯心淨土，自性彌陀思想為主。就如蕅益大師（一五九九至一六五五）於《淨土或問》作序之言：「諸老匡扶淨土，實救本宗。」換言之，明本等禪宗祖師雖弘揚淨土，實為拯救日趨衰落的禪宗。

明本更讚歎亦作有〈懷淨土詩〉的魯庵禪師：「魯庵和尚，宗禪之師也，效古作懷淨土章句，辭達而意明，語新而思遠，使人讀之，曾不加寸念，咸置身於純白蓮華之域，豈尚異耶？蓋變體說禪，亦善巧方便之略耳。」明本說，魯庵之詩只是善巧方便的宣揚淨土，其實是變相地弘揚禪宗。想來，明本自己本人所作的淨土作品，也是如此。

明本雖暢禪、淨法門可互通，從實修上來說卻主張一門深入。如其在《中峰廣論．卷十一之上．山房夜話》中云：

聖人設教，雖千塗萬轍，一皆以決了生死為究竟；然破生死根塵，惟尚一門深入。古人謂：「毫釐繫念三途業因，瞥爾情生萬劫羈鎖」，兼修云乎哉？或不如此，談禪說淨土，沸騰識浪，鼓扇情塵，卒未有已也。

明本不認同禪淨兼修的論點，也可從其弟子天如惟則的語錄中窺知。《天如惟則禪師語錄．卷二》中云：

幻住和尚有云：「參禪只為明生死，念佛惟圖了死生；但向一邊挨得入，兩條門路不多爭。」門路雖不多爭，卻不許互相兼帶；參禪者單單只是參禪，念佛者單單只是念佛。若是話分兩頭，彼此都無成就。古人有箇喻子云：譬如腳踏兩邊船，這邊那邊都不著。

明本雖說參禪與念佛皆為了生死，但從修行來說則以為，參禪者該純參禪、念佛者該純念佛，否則兩者將皆無所成。總之，明本理論上倡導禪淨融通，事修上則主張一門深入，如蓮池大師在《往生集．卷一》所云：「昔中峰、天如謂禪與淨土，理雖一而功不可並施。」

明本將念佛與看話禪相結合，或許是因應當時的環境；但禪淨融合的思想，卻深遠地影響著後代。明本的弟子天如惟則就直接將阿彌陀佛當為話頭參究，於《禪關策進．師子峯天如則禪師普說》中言：

但將阿彌陀佛四字，做箇話頭，二六時中，直下提撕，至於一念不生，不涉階梯，徑超佛地。

禪教合一

禪宗史上論教禪的關係，最早可追溯到禪宗初祖達磨二入四行（註十八）中的「理入」。達磨雖重視壁觀坐禪，但也不排斥佛教經典，甚至藉教悟宗，以《楞伽經》印心。隨著禪宗的發展，達磨藉教悟宗的思想，也隨著惠能等提出「不立文字」的口號，漸漸衰落。

禪教一致的思想，源於中唐圭峰宗密。宗密為荷澤系禪師，又師承華嚴四祖澄觀（七三八至八三九）的華嚴宗教義。在宗密所著《禪源諸詮集都序・卷一》中，詳細記載其「禪教合一」的思想：

原夫佛說頓教、漸教，禪開頓門、漸門，二教二門各相符契。今講者偏彰漸義，禪者偏播頓宗；禪講相逢，胡越之隔。……每嘆人與法差，法為人病，故別撰經律論疏，大開戒定慧門，顯頓悟資於漸修。

宗密感嘆，講經的人偏重「漸」門，而禪修者偏重「頓」門；禪講相逢，如胡越之隔；此乃因行者對法的看法不一，行持也就不同。宗密便為此撰寫經律論等疏作，開戒定慧之門，以說明頓悟有賴於漸修。

宗密也指出經教與禪不同之處：

> 佛出世立教，與師隨處度人，事體各別。佛教萬代依馮，理須委示。師訓在即時度脫，意使玄通；玄通必在忘言，故言下不留其迹。迹絕於意地，理現於心源；即信解修證，不為而自然成就；經律疏論，不習而自然冥通。

宗密認為禪教之不同在於：佛出世立教，教是眾生的依靠，所以全面開解；禪重在當下開悟、領悟。領悟必忘言，故離語言文字；領悟則意顯，理自然於心中顯現，信解修證自然不修而成，經律論自然通達。然而，「須知經論權實，方辨諸禪是非；又須識禪心性相，方解經論理事。」由此可知，密宗以為，禪修的過程是不能捨棄經論的。

宗密指出，禪教兩者作用雖不同，但在根本上是統一的，他於多處說明：

教也者，諸佛菩薩所留經論也；禪也者，諸善知識所述句偈也。

諸宗始祖即是釋迦；經是佛語，禪是佛意，諸佛心口必不相違。

禪教兩宗同出於佛；禪佛心也，教佛口也，豈有心口自相矛盾者乎？

宗密認為，經是佛說的教言、禪是佛所欲傳授的深意，諸佛的心口必然一致而不相違，所以禪教是一致的。

宗密的「禪教一致」思想，直到唐末五代永明延壽禪師撰著《宗鏡錄》，折衷法相、天台、華嚴教義等融合禪宗，禪教一致思想方才興起；影響所及，元代的明本等人亦步武之。

一、詮釋「教外別傳」

在元代漢傳佛教中，以禪、教、律三門並稱。禪是指禪宗、宗門；教是教門，主要指天台、華嚴、慈恩（唯識）三宗；律雖也自成一宗，但為禪、教二宗所共同遵行。所以，實際是禪、教二分天下。

在元代，屢屢有人非難禪宗的教外別傳，由《中峰廣論．卷十九之上．東語西話續集》中的描述可以得知：

每聞議者謂：一代時教，彰如來之本懷，罄無不盡。彼云教外別傳者，豈教外果別有未盡之法為傳耶？儻別有所傳，則名外道；或別無所傳，則妄誕之跡不容掩也。

有人評說道，三藏十二部的一代時教，已完全彰顯了如來之本懷，豈有未盡之法在教外別傳？若別有所傳，就是外道了；若無所傳，那妄誕之跡也容不得其掩藏。

明本為澄清「教外別傳」的評議，特別說明「教外別傳」之意：

聖人初生下時，手指兩儀，足行七步，何教義所攝耶？此乃別傳之最初顯示也。豈待末後，拈一華以示迦葉，謂之別傳者乎？中間四十九年，隨機演教，於正直舍方便處，皆是別傳之旨。又豈止乎最初、末後而已哉？所云別傳者，非教外，別有所謂禪也；非心外，別有所謂法也；非離言說外，別有不形言之祕密三昧也；非理外，別有理也；亦非一向無事而故作是言也。何則？自始洎終，惟示一心也。依一心所演，惟一法也。安有所謂別哉？

明本指出，佛陀降誕人間，手指兩儀，足行七步，就是教外別傳最初的顯示，豈需等到最後拈花示迦葉才稱為別傳？乃至，中間四十九年應機說法，正直捨方便，演示第一義諦時，都是別傳之旨，豈只有最初和末後才稱教外別傳？別傳，不是教外，不是另有其他不同的禪；不是於心外，另有其他法；不是本是離言說外，另有不可說的祕密三昧；不是理體之外，另有理體可得；不是本來無事，卻故弄玄虛。由始至終，所謂「別傳」，只是顯示一心，依一心所演；

惟一法，並無所謂別法可得。

二、以「一心」會通禪教

元代禪、教之間，矛盾、分歧不斷，明本以「一心」會通禪教，力圖把禪教統一起來。《中峰廣論．卷十九之下．東語西話》有云：

如一佛之垂化，觀萬法惟一心。一心即萬法，所以彰萬法為教，標一心為禪，名常異而體常同。

明本認為萬法依一心而立，一心即是萬法源頭，而彰顯萬法是「教」之作用，標舉一心是「禪」之功用；換言之，教與禪是名異而體同，是互不相離的。《中峰廣論．卷十九之上》中有進一步對教、禪之解釋：

言說文字等，乃教也；離言說文字等，乃教外別傳也。所云教者，宣此心也；所云教外別傳者，即超出言象而妙契此心者也。……苟不洞徹如來之本心，則滯有明文字，非教也；執無文字，非禪也。動為情縛於有無之間，則教、禪俱不取也。……通而言之，禪即離文字之教，教即有文字之禪；覓一毫同相，了不可得，復何別之有耶？其所別者，乃化跡之設不侔（等同）爾。

明本指出，「教」就是宣明此心的言說文字；教外別傳的「禪」，就是離一切言說文字，超出語言意象，直接妙契此心。如果不洞徹如來本心，拘泥於經典的言說文字，終非真正之教；而不洞徹如來本心，但標榜自己不立文字，也終非真正之禪。一但為業識妄情所縛，馳求於有無取捨之間，教也好，禪也罷，雙雙俱不可取。禪是離文字之教，教是有文字之禪；以本質而論，禪淨沒有差異，其差別只在於化跡施設不同罷了。

明本雖以一心會通禪教，但在他的心中，禪與教的地位還是不同的。《廣錄．卷十八之上》有云：

講學者未嘗不通，其所通而非會者，以意識依文解義，非妙悟也。以其不悟則，能所之跡熾然，解心愈多，而迷情愈重矣。謂悟者何？乃親見此一心之至體也；謂解者何？乃熟究此三諦之虛跡也。然悟而非解，解而非悟，旨與心通，不可言議，惟真參實究者，宜深思之。其學解，縱使玄中又玄，莫若神悟之為準也。

明本認為，教下的解釋雖然是對的，卻是依文解意，並非真實證悟；如此一來，教下理解的道理越多，迷情越重，「悟而非解，解而非悟」。宗門卻是真參實究，親見此一心之至體也。他認為，教只是入道的善巧方便，最根本的還是禪的明心見性。如《中峰廣論．卷四之上．示雲南通講主》中言：「參玄上上人須達巧方便……三乘十二分教，應病與藥，觀根逗教是巧方便……」《廣錄．卷一之上》中，明本便舉良遂座主見麻古的例子來說明講經說法非究竟：

要知持經論教、談名說相者，但看良遂座主見麻谷，谷閉門不接。遂次日再往，谷復閉門，遂乃扣門。谷問阿誰？遂擬應名，忽然有省。乃曰：「和尚莫謾良遂；良遂若不來見和尚，洎被經論賺過一生。」谷乃印可，遂歸罷講，謂同學曰：「諸人知處，良遂總知；良遂知處，諸人不知。」鄉使談經論教可以个得，則良遂不必扣麻谷之門。

總之，明本雖以一心會通禪教，其目的還是引導教中人由禪入教。身為禪門之人，想引眾入禪，本無可厚非；然而，修學者如不確實體認「藥無優劣，應根則良」，禪將永遠是禪，教也永遠是教，雖「融」但總不能「合」啊！

四宗一旨

元代佛教中，影響較深遠的宗派為禪、教、律、密等四宗。明本認為，四宗乃共同傳承一佛之旨，缺一不可。《廣錄．卷十一之上》有云：

四宗共傳一佛之旨，不可闕一也。然佛以一音演說法，教中謂：「惟一佛乘，無二、無三」，安容有四宗之別耶？謂各擅專門之別，非別一佛乘也。譬如四序成一歲之功，而春夏秋冬之令不容不別也；其所不能別者，一歲之功也。密宗，春也；天台、賢首、慈恩等宗，夏也；南山律宗，秋也；少林單傳之宗（禪），冬也。就理言之，但知禪為諸宗之別傳，而不知諸宗亦禪之別傳也。會而歸之，密宗乃宣一佛大悲拔濟之心也，教宗乃闡一佛大智開示之心也，律宗乃持一佛大行莊嚴之心也，禪宗乃傳一佛大覺圓滿之心也。

明本認為，佛以一音演說一切法，一切法唯示究竟之一佛乘，無二乘或三乘，豈又有四宗之別？四宗的差別在於各自宗派的風格及學說的偏重、專長不一，並非有別於一佛乘。換言之，四宗皆是一佛乘開展出來的不同面向，如一年分四季，四季成一年，缺一不可。禪為諸宗之別傳，諸宗亦為禪之別傳。四宗同源於佛心，只是各有不同風姿：密宗宣佛大悲救濟眾生之心，教宗闡佛般若之心，律宗行佛萬行莊嚴之心，禪宗傳佛大覺圓滿之心。總之，四宗同宣佛心，地位平等，沒有高下優劣之分。

身為禪門的明本，雖宣揚禪淨融合、禪教合一的思想，卻不因此失去其禪師的本色。其教人把話頭置於念佛心中，善巧地將淨土行者導歸禪門；乃至引用佛教經典也只為印證說明，教是宣明此心、禪是契證此心。總而言之，「教」乃引人入道的善巧方便，「禪」的「明心見性」方為佛法的根本。

【註釋】

註一：示眾，又稱垂語、垂示、垂說；禪林中，禪師為弟子、大眾，開示宗門要義，稱為示眾。開示宗門要義時，先以簡明語句標示所說之要諦，次揭本則，後再評唱。於示眾後，禪師再接受弟子們的提問。

註二：小參又稱家教、家訓；指的是隨時之說法，無固定處所。日暮時鳴鐘，視人數多寡，於寢堂、法堂、方丈等處說法，說法內容包含法語、宗要及日常瑣事。

註三：寒山（生卒年不詳），字、號均不詳，長安（今陝西西安）人，唐代著名詩僧。

據研究，其出身於官宦人家（甚或隋代皇室），多次投考不第，勘破世情後出家，三十歲後隱居於浙東天台山之寒岩丹丘山，或因而得名「寒山子」。他以樺樹皮作帽、破衣木屐，喜與群童戲，言語無度，人莫能測。常至天台國清寺，與寺僧豐干、拾得為友，被稱為「國清三隱」。

寒山經常在山林間題詩作偈，其詩通俗，可大致分為：勸世詩、玄境詩、詠物詩，表現山林逸趣與佛教出世思想，蘊含人生哲理，譏諷時態、同情貧民。

寒山的詩作後人輯成《寒山子詩集》三卷，《全唐詩》存詩三百一十二首，被譽為唐人中以詩寫禪理，寫得最多、境界最精湛者。

元代傳入朝鮮、日本，後譯成日、英、法文。日本「俳聖」松尾芭蕉的文學風格深受寒山的影響；二十世紀五、六〇年代，寒山被美國的嬉皮士運動封為鼻祖。

註四：「結制」即指「結夏安居」。佛教規定，夏季三個月內——在印度約為五月至八月的雨季，在中國則為農曆四月十六至七月十五日，僧眾須在寺內靜住修學，禁止外出，稱為「結夏安居」，這段時期稱為「安居期」。安居期的開始階段稱為「結夏」或「結制」，結束稱為「安居竟」或「解夏」或「解制」。結制、解制是僧人一年中的重要日子，因僧人的年資夏臘由此計算起。

註五：文字禪又稱「葛藤禪」，指以文字言語解說禪法。「文字禪」創始於北宋釋惠洪（一〇七一至一一二八）的《石門文字禪》。是中國禪宗繼唐代「一日不作，一日不食」的農禪生活後，於宋代另啟的一股學禪氛圍。宋代的士大夫與僧人交往密切，彼此詩文唱和，談論禪道是時有之事，如志磐《佛祖統紀．卷四十七》中言：「夫儒釋之交遊，不過於倡和以詩，談論以道，否則為廬山結社之舉耳。」士大夫把禪理轉入個人著作，直接間接影響到禪林重文字的風氣。

再者，古則公案中祖師們的機鋒語意深奧，對於想了解公案的人來說，不容易看懂；因此，有禪師在古則中添加拈古或頌古，或在上堂、小參時，引用古人詩句、公案機鋒或使用對偶工整的韻文，作為講解的內容，而有頌古、拈古、評唱著作產生。著名的有汾陽善昭（九四七至一〇二四）《公案代別》一百則、《先賢一百則》；雪竇重顯（九八〇至一〇五二）的《頌古百則》，更是將頌古風氣推向高峰。

總之，至宋代，「語錄」、「燈錄」、「公案代別」（「公案代別」為汾陽善昭首倡，他指出「室中請益，古人公案未盡善者，請以代之，語不格者請以別之，故目之為代別」；公案代別則是應學僧之請教而作，把公案中語意未盡之處予以進一步揭示，亦即對公案進行解釋說明）、「拈古」、「頌古」和「評唱」（對頌古再加以解釋的稱評唱）等禪文學的大量出現，不僅使宋代禪學文字化，更使得宋代禪宗逐漸走上「文字禪」之路。

註六：默照禪始於曹洞宗宏智正覺禪師（一〇九一至一一五七），是一種「無相之相、無心之心、無得之得、無用之用」的靜坐禪修方法。「默」，是指不受自己內心以及環境的影響，讓心保持安定的狀態；「照」，是指清楚地覺知自己內心與周遭一切的變化。

依《佛光大辭典》的解釋：「默，指沉默專心坐禪；照，即以慧來鑑照原本清淨之靈知心性。正覺認為實相即是無相之相，真心即是無心之心；真得即是無得之得，真用即是無用之用，故主張以『坐空塵慮』來默然靜照，兀兀坐定，不必期求大悟，唯以無所得、無所悟之態度來坐禪。」

註七：活句、死句思想源於唐代百丈懷海禪師（七四九至八一四），他於《古尊宿語錄．百丈懷海禪師廣錄》中提出禪師語句要分「生語」和「死語」的看法。「生語」就是「遮語」，即反面表達的否定性語言；「死語」就是「不遮語」，即正面表達的肯定性語言。

之後，五代宋初的洞山守初（九一〇至九九〇）禪師，也把禪師的語句分為「死句」和「活句」。洞山認為：「語中有語，名為死句；語中無語，名為活句。」（《古尊宿語錄．卷三十八．洞山守初禪師語錄》）。德山緣密更提出「但參活句，莫參死句」的主張。據《五燈會元．卷十五》載：「但參活句，莫參死句；活句下薦得，永劫無滯。一塵一佛國，一句一釋迦，是死句；揚眉瞬目，舉指豎拂，是死句；山河大地，更無淆訛，是死句。時有僧問：『如何是活句？』師曰：『波斯仰面看。』曰：『恁　則不謬去也。』師便打……」

總結來看，凡是從正面表達的，可以用理性思維來推究和解釋其意義的語句和肢體語言，都是「死句」；非正面表達的，無法用理性思維來推究和解釋其意義的語句和肢體語言，稱為「活句」。

註八：活句才有啟悟的功能？筆者對此不敢苟同。例如，《頌古百則》中記載著這則公案：「僧問趙州：『萬法歸一，一歸何處？』州云：『我在青州作一領布衫，重七斤』。」如果依循宗杲選取話頭的原則，當取「我在青州作一領布衫，重七斤」為話頭，此屬活句，因它不是正面回答，不能從其字面來分析含義；然而，高峰卻選取了公案中禪僧的問話「萬法歸一，一歸何處？」為話頭，而他最終也開悟了。

註九：即四種簡別法，為臨濟義玄所施設，即能夠應機應時，觀機逗教地自在教導學人的四種規則——

（一）奪人不奪境：即奪主觀而僅存客觀，以破除對人、我見之執著。

（二）奪境不奪人：即奪客觀而僅存主觀，以破除以法為實有之觀點。

（三）人境俱奪：即否定主、客觀之見，兼破我執與法執。

（四）人境俱不奪：即肯定主、客觀各各之存在。

註十：宋代禪僧浮山法遠提示學人之宗門語句，由學人編集之，名為「佛禪宗教義九帶集」，略稱「浮山九帶」：（一）佛正法眼藏帶，謂帶貫一切理脈，直截佛之正法；（二）佛法藏帶，謂佛法乃教外別傳，為方便之故，聖人以之示眾；（三）理貫帶，謂至理佛法為言詮所不及，揚眉瞬目之間盡是佛法；（四）事貫帶，謂山河國土大地無非佛法；（五）理事縱橫帶，謂理事融通，行於佛世界；（六）屈曲垂帶，謂雖證悟成佛卻甘為菩薩而不安住佛位，以亟力濟度眾生；（七）妙叶兼帶，謂不執著則大用現前；（八）金鋮雙鎖帶，謂自理事縱橫帶之立場更進一步，不執著於佛世界而自由自在；（九）平懷常實帶，謂佛法無特別處，日常著衣吃飯皆屬真實佛法。（引自《佛光大辭典》）

註十一：宋代晦岩智昭編撰之《人天眼目．卷上》提及：「汾陽（善）昭禪師示眾，夫說法者，須具十智同真：一同一質，二同大事，三總同參，四同真智，五同遍普，六同具足，七同得失，八同生殺，九同音吼，十同得入。若不具十智同真，邪正不辨，緇素不分，不能為人天眼目，決斷是非。」

註十二：從唐朝到清朝，初學之童子描紅習字，常寫一種只有二十幾字的字帖，名為《上大人》，以孔子之事蹟編就，文句大約為：「上大人（上大夫），孔（丘）乙已。化三千，七十士。（女）小生，八九子。佳作仁，可知禮也（可知其禮也）。」（括號內為不同版本所用的字）其筆畫簡單，涵括基本筆畫。

註十三：據《五燈會元》言：「師如是往來雲峰、玄沙二十年間，坐破七個蒲團……。」福州長慶慧稜禪師（八五四至九三二），往來參訪雲峰、玄沙兩位禪師。其精進坐禪，二十年如一日，坐破七個蒲團。某日，捲簾，忽然開悟。後人以「長慶坐破蒲團」一語，警策行者，當下足功夫，精進修行。

香林澄遠禪師（九〇八至九八七）五代雲門宗僧。他辭世前對眾人說：「老僧四十年方打成一片。」言訖而逝。四十年方能達至「打成一片」之境界，可見悟入之不易。

註十四：《景德傳燈錄．卷十．趙州從諗條》：僧問：「如何是佛？」師云：「殿裡底。」僧云：「殿裡者豈不是泥龕塑像？」師云：「是。」僧問：「學人迷昧，乞師指示。」師云：「喫粥也未？」僧云：「喫粥也。」師云：「洗鉢去。」其僧忽然省悟。

註十五：《景德傳燈錄．龍潭崇信條》：其（龍潭）家賣餅。……常日以十餅饋之，天皇（道悟）受之，每食畢，常留一餅，曰：「吾惠汝以蔭子孫。」師（龍潭）一日自念曰：「餅是我持去，何以返遺我耶？其別有旨乎？」遂造而問焉。皇曰：「是汝持來，復汝何咎？」師聞之，頗曉玄旨，因投出家。

註十六：《五燈會元．卷第九》：丈（百丈禪師）曰：「汝撥爐中有火否？」師（靈祐）撥之，曰：「無火。」丈躬起深撥之，得少火，舉以示之曰：

「汝道無，這箇聻（呢）？」師由是發悟，禮謝陳其所解。

註十七：「一乘」即指佛乘。乘，載運之義，意指引導眾生成佛的途徑。「一乘道分別說三」意謂，佛之出世，意欲直說《法華》；但因眾生根機不等，於是先說三乘之法（聲聞、緣覺、菩薩）而調熟之。

其思想見於《妙法蓮華經》：

舍利弗！十方世界中，尚無二乘，何況有三？舍利弗！諸佛出於五濁惡世，所謂劫濁、煩惱濁、眾生濁、見濁、命濁。如是，舍利弗，劫濁亂時，眾生垢重，慳貪嫉妒，成就諸不善根故，諸佛以方便力，於一佛乘分別說三。舍利弗！若我弟子，自謂阿羅漢、辟支佛者，不聞不知諸佛如來但教化菩薩事，此非佛弟子，非阿羅漢，非辟支佛。（卷一）

如來亦復如是，無有虛妄，初說三乘引導眾生，然後但以大乘而度脫之。何以故？如來有無量智慧、力、無所畏諸法之藏，能與一切眾生大乘之法，但不盡能受。舍利弗！以是因緣，當知諸佛方便力故，於一佛乘分別說三。（卷二）

註十八：中國禪宗初祖達磨著有〈二入四行論〉，「二入四行」便是其所傳授的修行心法。

「二入」為「理入」與「行入」。「理入」，是指藉直觀的方法契入真理、實相；「行入」，是指藉由實踐而體悟禪理。

或言，「理入」是「藉教悟宗」——「教」是經教、教法，「宗」指「含生同一」、「凡聖等一」的佛性；即藉由經典的教理、教法，悟入眾生本具平等的佛性。

「行入」則可容攝大乘佛教的六度萬行，歸結於四種實踐方法：報冤行、隨緣行、無所求行、稱法行等四種，即為「四行」——

（一）報冤行：遇到苦難，當思苦難皆為過去所造之惡業，今因緣成熟而起現行，當甘心忍受，無憎恨與怨言。

（二）隨緣行：體悟眾生無我，由業緣所轉，苦受、樂受皆隨因緣而生；如遇勝報榮譽之事，也是過去宿因所感，緣盡還無。得失從緣，心無增減，喜風不動，冥順於道，故稱隨緣行。

（三）無所求行：體認到「萬法皆空」、「諸行無常」，一切事物皆依因待緣而有，因此能不求名聞、不貪利養，世間一切苦樂不執著於心，心便能安於道，則稱無所求行。

（四）稱法行：行者能深信「緣起性空」之理，則為稱法行。四行強調的是在實踐中修習；行者如實觀「緣起性空」，以「三輪體空」為方便，而行六度、攝萬行，方為稱行。

貳・法脈和流傳

道契王臣，德被遐邇，智如滄海，辯似懸河；言滿天下而無過，迹混塵中而不汙。

據說，禪宗最早可溯源至釋迦牟尼佛。在《大梵天王問佛決疑經．拈華品》中記載：

爾時，娑婆世界主大梵王名曰方廣，以三千大千世界成就之根，妙法蓮金光明大婆羅華，捧之上佛。……爾時，如來坐此寶座，受此蓮華，無說無言，但拈蓮華，入大會中，八萬四千人天時大眾，皆止默然。於時長老摩訶迦葉，見佛拈華示眾佛事，即今廓然，破顏微笑。佛即告言：是也，我有正法眼藏、涅槃妙心、實相無相、微妙法門，不立文字，教外別傳，總持任持，凡夫成佛，第一義諦，今方付囑摩訶迦葉。

釋迦如來於靈鷲山開演大法，將大梵天王所獻之金色波羅蜜花，藉機拈花示眾，然大眾皆默然無語，只有迦葉面露微笑。世尊知迦葉已心神領會，因此以正法眼藏（註一）付囑迦葉；迦葉尊者也以此傳於阿難，代代相傳至漢傳禪宗六祖惠能，共三十三代。

漢傳禪宗六祖前後的法脈傳承

中國禪宗是漢傳佛教宗派之一；雖是中國獨立發展出來的本土宗教，但其根本思想仍來自印度的釋迦牟尼佛。其一方面融合了外來的印度佛學，一方面攝受了中國本土儒、道兩家文化，進而建構起中國大乘佛學教外別傳的禪宗。

中國禪宗始於南北朝的達摩（磨）（？至五三五），至五祖弘忍（六〇二至六七四）傳神秀（六〇六至七〇六）、惠能（六三八至七一三），而分南北二宗。（註二）惠能弟子荷澤神會（六八六至七六〇）於滑臺（今河南滑縣）數次召開無遮大會，倡議南宗頓教為禪宗正統，奠定惠能禪法的主流地位。

六祖前的禪宗法脈傳承

《六祖法寶壇經．第十付囑品》（註三）中記載：

問曰：未知從上佛祖應現已來，傳授幾代，願垂開示。

師云：古佛應世已無數量，不可計也。今以七佛為始，過去莊嚴劫：毘婆尸佛、尸棄佛、毘舍浮佛；今賢劫：拘留孫佛、拘那含牟尼佛、迦葉佛、釋迦文佛，是為七佛。

釋迦文佛首傳摩訶迦葉尊者、第二阿難尊者、第三商那和修尊者、第四優波毱多尊者、第五提多迦尊者、第六彌遮迦尊者、第七婆須蜜多尊者、第八佛馱難提尊者、第九伏馱蜜多尊者、第十脅尊者、十一富那夜奢尊者、十二馬鳴大士、十三迦毘摩羅尊者、十四龍樹大士、十五迦那提婆尊者、十六羅睺羅多尊者、十七僧伽難提尊者、十八伽耶舍多尊者、十九鳩摩羅多尊者、二十闍耶多尊者、二十一婆修盤頭尊者、二十二摩拏羅尊者、二十三鶴勒那尊者、二十四師子尊者、二十五婆舍斯多尊者、二十六不如蜜多尊者、二十七般若多羅尊者。二十八菩提達摩尊者，此土是為初祖；二十九慧可大師、三十僧璨大師、三十一道信大師、三十二弘忍大師、惠能是為三十三祖。

弟子問惠能，正法眼藏的傳承已傳授幾代？惠能回答，自古佛應世以來，早已數不清。今從七佛開始，過去莊嚴劫有：毘婆尸佛、尸棄佛、毘舍浮佛；現在賢劫有：拘留孫佛、拘那含牟尼佛、迦葉佛、釋迦文佛，是為七佛。接著是：釋迦文佛首傳摩訶迦葉尊者，摩訶迦葉尊者傳第二代阿難尊者，阿難尊者傳第三代商那和修尊者……二十八代達摩祖師東傳至漢土，傳到漢土六祖惠能已共是三十三代。一代傳一代，一代唯傳一人。

六祖後臨濟宗楊岐派的法脈傳承

佛法正法眼藏的傳承，自天竺二十八代達摩奉般若多羅囑咐西來，達摩也成為東土初祖，後傳大法眼及衣鉢給慧可，次遞傳承至六祖惠能。

惠能之前的傳法，採一對一的指定特別人選及密傳「正法眼藏」與「囑付衣法」；惠能以後，則用分燈普傳的普遍式、公開式來廣說法要。在《六祖法寶壇經・付囑品》中記載：

法海上座，再拜問曰：「和尚入滅之後，衣法當付何人？」師曰：「吾於大梵寺說法，以至于今抄錄流行，目曰法寶壇經。汝等守護，遞相傳授。度諸群生，但依此說，是名正法。今為汝等說法，不付其衣。蓋為汝等信根淳熟，決定無疑，堪任大事。然據先祖達磨大師付授偈意，衣不合傳。」……問曰：「正法眼藏，傳付何人？」師曰：「有道者得，無心者通。……吾去七十年，有二菩薩從東方來。一出家，一在家，同時興化，建立吾宗，締緝伽藍，昌龍法嗣。」

正法傳承是佛門的大事，是眾弟子及眾生的依歸。六祖惠能的弟子法海詢問：和尚入滅之後，衣法當付何人？六祖便囑付徒眾：我於大梵寺說法至今，所流傳的內容已被抄錄，可名為《法寶壇經》。你們要用心守護，遞相傳授，化度群生，只要依循此經之教法，即是正法。今日為你們說法，不再交付衣缽。換言之，六祖向門徒及後人表示，能依法而行，是謂得到付法密傳，無須再以衣缽為信物。

爾後，禪宗的法脈傳承就以禪師的機鋒問答來勘驗，例如德山棒、臨濟喝、天龍一指禪、俱胝豎指（註四）等，通過印證後即付法印可。

六祖惠能並預言，其圓寂後的七十年，將是禪宗建立且大興教化的時候；果然，後來發展成五家七宗。如《五家語錄．第一卷．序》所言：

自達磨西來，以傳二祖，二祖傳三祖，三祖傳四祖，四祖傳五祖，五祖傳六祖。六祖遂出南嶽、青原二宗，南嶽出馬祖一，一出百丈海，海出黃檗運，運得臨濟玄，建立正宗，故成臨濟宗。丈次出溈山祐，祐得仰山寂，共相唱和，成溈仰宗。次青原出石頭遷，遷出藥山儼，儼出雲巖晟，晟出洞山价，价得曹山寂，成曹洞宗。馬祖次出天王悟，悟出龍潭信，信出德山鑒，鑒出雪峰存，存得雲門偃，成雲門宗。存次出玄沙備，備出羅漢琛，琛得清涼益，成法眼宗。然雲門、法眼二宗，景德傳燈謬收青原下。

由《五家語錄》的敘述中可知，惠能的弟子南嶽懷讓（六七七至七四四）及青原行思（六七一至七四〇）建立二宗：懷讓度化馬祖道一（七〇九至七八八），而後出了臨濟宗、溈仰宗、雲門宗、法眼宗。青原行思度化石頭希遷（七〇〇至七九〇），則產生了曹洞宗；《景德傳燈錄》卻誤認為，天王悟（七三七至八一八）出自石頭希遷，亦即雲門、法眼二宗出自於青原行思。總之，臨濟宗、溈仰宗、雲門宗、法眼宗、曹洞宗等五宗，皆由六祖惠能的弟子南嶽懷讓及青原行思之再傳所創立。

唐宋時期以臨濟宗和曹洞宗為盛，有「臨天下，洞一隅」之說；「臨」指臨濟宗，「洞」指曹洞宗，剩下的三宗則已漸漸失傳。換言之，惠能的分燈普傳，打破正法眼藏原本一代一人的傳承。

臨濟義玄（?至八六六）創立臨濟宗後傳興化存獎（八三〇至九二五），興化存獎傳南院慧顒（八六〇至九五二），南院慧顒傳風穴延沼（八九六至九七三），風穴延沼傳首山省念（九二六至九九三），首山省念傳汾陽善昭（九四七至一〇二四），汾陽善昭傳石霜楚圓（九八六至一〇四〇）；石霜楚圓傳黃龍慧南（一〇〇二至一〇六九）及楊岐方會（九八六至一〇三九），而各自開創了黃龍派、楊岐派。

楊岐方會傳白雲守端（一〇二五至一〇七二），白雲守端再傳五祖法演（?至一一〇四），五祖法演再傳圜悟克勤（一〇六三至一一三五），圜悟克勤分傳大慧宗杲（一〇八九至一一六三）及虎丘紹隆（一〇七八至一一三六）兩大支。虎丘紹隆傳應庵曇華（一一〇三至一一六三），應庵曇華傳密庵咸傑（一一一八至一一八六），又分出破庵祖先（一一三六至一二一一）和松源崇嶽（一一三二至一二〇二）兩系。

破庵祖先一系，法脈昌盛，元朝南方著名禪師大都出自此系，甚至成為元以後臨濟宗傳承的代表，雪巖祖欽、高峰原妙、中峰明本的法脈即來自此系。

楊岐派明本門下的嗣法弟子

明本在元代禪宗趨於衰微的情況下，致力於提倡看話禪，及調和禪宗與佛教各宗的矛盾。其禪風、修為讓僧俗四眾，上自朝廷天子、文武百官，下至庶民百姓，無不仰慕其名，爭相追隨請法，以致他所到之處皆成傳法中心，尤其在江南一帶形成很大影響，受其度化者無可計數，故有「江南古佛」之稱。

法水廣流

在弘揚禪法方面，明本奉行「有教無類」的原則，門下不只接引了漢地的千巖元長、天如惟則、定叟永泰，及雲南的無照玄鑑、定林、大理的念菴圓護、普通、智福（普福）、道元；還有來自西域一帶之高昌的北庭慈寂、必剌牙室利、慈護，來自伊吾（今新疆哈密）的顯月；來自高麗的有「收」、「樞」、「空」、「昭」、「聰」等五長老，同時也包含了來自日本等境外的學人，如古先印原、遠溪祖雄、復庵宗己、無隱元晦、業海本淨。

元代鄭元祐就於其《僑吳集》中提及，向明本求法的弟子來自四面八方：

國師之弟子，東至三韓（三韓為漢時朝鮮南部，有馬韓、辰韓、弁韓），南極六詔（南詔，泛指今雲南地帶），西窮身毒（身毒，指印度），北彌龍沙（龍沙，今河北喜峰口外盧龍山後的大漠）。

得其法者如天如惟則、千巖元長等皆禪門巨匠，包括雲南、日本、韓國等地的眾多僧人均前來參學，這也使得臨濟禪法得以傳向天下。根據有史實可尋的弟子，進而得知明本的禪法於各地廣為流傳的概況，略可分為以下各地：

一、江南等地

明本的弟子在江南活動的有：千巖元長、天如惟則、別峰大同、永中等人。泰定四年（一三二七），元長至烏傷伏龍山聖壽寺，放下萬緣，棲遁巖穴，三十年如一日，惟以喚醒夢宅、覺悟癡迷為家務。而此精神，影響著烏傷伏龍山的鄉民，甚至攝受內而齊、魯、燕、趙、秦、隴、閩、蜀，外而日本、三韓、八番、羅甸、交趾、琉球，四方參學者紛至遝來，明本禪法也就因此流傳各地。

元順帝至正元年（一三四一），惟則到蘇州講經，深受弟子擁戴。隔年，弟子為其建造禪林，名為師子林菩提正宗寺。隱居蘇州松江九峰師子林的惟則，說法剖析精當，問法者頗多，其除教導後學靈活地運用參話頭以了脫生死外，並為了適應民眾需求，弘揚「稱名念佛禪」，其風範行誼深受朝野敬重，吸引眾多高官以弟子禮侍之，禪、淨之法因而皆得宣傳。

二、雲南

元代雲南至明本門下學習禪法的人很多，包括玄鑑、定林、圓護、普通、普福、道元等人。雲南僧人學成後回到出生地，在弘法崗位上皆扮演重要的角色，致使明本一系的門徒對禪宗在雲南的發展影響巨大。清代經濟特科狀元袁嘉谷在其《臥雪堂文集．滇南釋教考》中言：

明本住天目山，世所稱為中峰和尚者，滇僧照本、圓護、普通、無照，俱往受法歸。教迤西東，是為臨濟宗入滇最初時代。明本十一傳至圓悟，明萬歷

> 中住天童山，稱密雲和尚。滇僧徹庸、洪如往參禮焉，是臨濟宗入滇極盛時代。圓悟傳通賢，通賢傳完壁。完壁崇禎中住荊南開聖禪院，稱磚鏡和尚。禪師實受其法，以命入滇，住蒙化之竹林。……時在清朝順、康間，是為臨濟宗入滇中興時代。

袁嘉谷將臨濟宗傳入雲南分為三個時期：最初時代、極盛時代、中興時代，明本的弟子在雲南弘傳禪法稱為「臨濟宗入滇最初時代」。據《五燈全書》言，玄鑑歸滇後為梁王所重，開泰華山，大弘祖道，門弟子數百。此外，普通、普福、道元三人回到雲南後，分居雞足山、太華山、蒼山，遵照明本教誨真參實修，隱山潛修，教化一方。

總之，明本的臨濟宗禪法隨著其弟子弘傳於雲南。

三、日本

元代，日本來華求法的僧人絡繹不絕，登天目山跟隨明本學禪的僧人也多，包括：遠溪祖雄、復庵宗己、無隱元晦、業海本淨、古先印原、明叟齊哲、關西義南等人；他們都繼承了明本隱逸清修的特點，注重真修實悟。雖然一開始不住持名山寺院，仍為僧俗所仰慕，居住之處自然而成名剎。其均以明本幻住禪風教育弟子，也因其共同的禪風，形成了日本禪宗的重要派別，後人稱其為「幻住派」（註五），影響日本禪法的發展頗深遠。

明本門下雖擁有來自十方各地的參學者，法嗣也不在少數；只是，明本一系的弟子們受法之後，大多隱居潛修，所以事蹟實難以詳考。據《五燈全書》，明確有記載明本之法嗣弟子的有：千巖元長、天如惟則、無照玄鑑、古先印原、念菴圓護、蓮峰崇照、遠溪祖雄、復庵宗己、無隱元晦、明叟齊哲、關西義南。在《天目明本禪師雜錄．示業海淨禪人》中有「嗣法（註六）於師」四字，但《五燈全書》卻未將業海本淨列入。以下簡介明本之法嗣弟子將依《五燈全書》為依據，不再詳論。至於明本的師承及弟子，請參閱附錄。

千巖元長

一、生平概況

千巖元長（一二八四至一三五七），為明本重要的弟子之一，號千巖，字無明，越州（今浙江紹興）蕭山人。俗姓董，家世以儒學為宗，父九鼎，母何氏，晚年生下元長，本欲拋棄之，嫂謝氏趨救，養育、撫育為子。

千巖元長自小聰慧過人，七歲時，經書過目即可讀誦；行止循規蹈矩，有若成人。僧曇芳想讓元長成為自己的弟子，但謝氏不捨，便作罷。不久，元長生病，謝氏向觀音大士祈禱許願；後來元長或因此痊癒，謝氏就讓元長跟著曇芳學習。

十七歲，元長廣交良師益友，相互切磋諸子百家學說，但認為此非出世之法，便捨棄之。後轉入寺院，從授經師學習《法華經》。在讀到〈藥王品〉時，元長產生了疑惑，便向老師提問：「藥王既二臂，曷為復現本身耶？」小小年紀的元長，在此就展現出與眾不同的思惟。

十九歲，元長剃髮受具足戒，在武林（今浙江杭州靈隱山）靈芝寺修習律藏。當時，律師問元長：「八法（謂地、水、火、風等四大，與色、香、味、觸等四微）往來，片無乖角（矛盾），何謂也？」元長當下即反問律師：「胡不問第九法乎？」對元長的問律答禪，律師深為欣賞，讚曰：「真大乘法器也。」

某日，承相府設齋供僧，元長亦隨眾人受請。明本看見元長氣宇不凡，知是法器，便主動地跟他打招呼，並問道：你平日如何用功？元長回答：念佛。明本再問：佛今何在？元長沒能立即回答，落入了思索之中，明本便厲聲呵吒。元長跪地作禮，請求明本為他開示法要。明本教他參究「趙州狗子無佛性」（註七）之公案。散齋之後，元長便於靈隱山中，結茅而居。

之後因為外務而隨順世緣，中止了專修，將近十年的歲月。這十年的生活對元長來說，並不自在，他感嘆道：「生平志氣，充塞乾坤，今乃作甕中醯雞耶！」於是，他又回到靈隱山，脇不著席（即不倒單）三年，奮志參究。

某一天，元長前往望亭，忽然聽到林中鳥雀啼鳴，恍然有省；元長便匆忙趕往禮拜明本，並上呈自己的證悟。明本不僅沒有為他印證，反而將他厲聲呵吒一頓。元長覺得相當不平，當下便憤然而回。

入夜，元長聽到老鼠翻動餵貓的碗，碗掉落在地，砰然有聲，元長豁然開悟。元長即刻起身著衣，待清晨拜見明本。

明代密雲圓悟所著《闢妄救略說》中，記錄著元長這段開悟的過程：

夜將寂，忽鼠食貓飯，墮其器，有聲，恍然開悟。披衣待旦，復往質於中峰。

峰問曰：趙州何故言無。師曰：鼠食貓飯。
峰曰：未在。師曰：飯器破矣。
曰：破後云何？曰：觸碎方甓。

明本一聽，便微笑為其驗證，並付囑其善自護持開悟之境，因緣時節若至，其理自彰。

元長在明本處得到付囑之後，便隱居於天龍山的東庵，韜光養晦，不涉外緣。某天，一條蛇來到庵前，圍繞在他的座下；元長便為這蛇受三歸五戒，蛇作禮拜姿勢而去。元長也因此而聲名日噪。

《五燈全書．卷五十八》記載，笑隱大訢（一二八四至一三四四）當時正住持中天竺，極力推薦元長出山弘法；江浙行省丞相脫歡當時主持宣政院事，也派遣使者請其出世，元長都沒有答應。泰定四年（一三二七），諸山又一起爭相勸請他出山。

元長知如此下去難以安心潛修，便與弟子希昇杖錫踰濤江，而東至烏傷（今浙江省義烏境內）伏龍山。元長見伏龍山形如青蓮華，便言：這裡如果有山水，我將居住於此。不久，即湧出白乳色的山泉，元長便在伏龍山一棵大樹下棲止。

只因明本的一番囑咐，元長就真的放下萬緣，棲遁巖穴，三十年如一日，惟以喚醒夢宅、覺悟癡迷為家務；如此為法精神，實屬難得。

烏傷伏龍山本有一座聖壽禪寺，但荒廢多時。元長入山時，鄉民皆夢到有高僧將至；於是，鄉民相約結伴登山尋訪。鄉民見元長在大樹下如如不動，各獻供飲食。當地財主樓如浚與樓一得兩人，共同出資在聖壽禪寺的舊址上興建道場，以舊號命名。一時之間，四方參學者紛至遝來。如明代宋濂撰〈佛慧圓明廣照無邊普利大師塔銘〉（收入《禪宗全書．四十九冊》）中言：

內而齊、魯、燕、趙、秦、隴、閩、蜀，外而日本、三韓、八番、羅甸、交趾、琉球，莫不奔走膜拜，咨決心學，留者恆數百人，至有求道之切，斷臂師前，以見志者。師各隨其根性，而為說法；譬如一雨所施，大小根莖悉獲沾潤。

朝廷三次派遣重臣持名香尊崇褒獎之，江淮雄藩宣讓王下令護持元長，鎮南王親自為聖壽寺題寫寺額，皇帝也降旨保護伏龍山聖壽寺；元長並先後獲賜「普應妙智弘辯禪師」、「佛慧圓鑑大元普濟大禪師」、「佛慧圓明廣照無邊普利大禪師」等稱號。

至正十七年（一三五七）六月十四日，元長集眾說偈曰：「平生饒舌，今日敗闕；一句轟天，正法眼滅。」投筆而逝，春秋七十四歲，僧臘五十六。弟子德亨、德馨用陶龕奉全身，埋葬於青松庵，謚佛慧鑑禪師，門人錄有《千巖和尚語錄》一卷。

根據宋濂在〈塔銘〉中所記，元長「豐頤美髯，才思英發，超越醜夷，頃刻千偈，包含無邊妙義。」由此可知，元長不但隨機說法、妙契禪旨，而且擅長於文字。

二、禪學思想

元長與明本一樣，畢生提倡看話禪，並根據弟子的根器給與不同的話頭參究，例如：果欲到佛祖田地，萬法歸一、一歸何處，父母未生前面目，狗子無佛性，不是心、不是佛、不是物。元長同明本一樣，不專持一個話頭，而是應機設教、善巧引導；他認為，「起疑情」才是開悟的關鍵。

元長雖專弘禪宗，但也含攝其他派別，其主張禪宗與其他宗派一致，和明本權宜說「四宗一旨」的主張頗為相似。元長主張禪宗與教下一致，如《千巖和尚語錄．示主講主》中記載：

教外別傳之旨……教外無禪，禪外無教，非離言教而別有所傳，謂迥異言教，傳不可傳之至玅（妙）耳。至於至玅處，說也說不得，如何傳授得？須當人親證親悟始。

元長認為，「教」與「禪」非同非異、亦同亦異；無論是宗門之旨還是教下之旨，其妙處皆說不得、傳不得，惟親證親悟始得。

另外，為了避開禪宗與密宗（藏傳密宗於元代朝廷佔有重要地位）之間的衝突，並為禪宗的弘法爭取一定的空間，元長在《千巖和尚語錄·示達兒嘛失喇大師》中提出顯密不二的看法：

雲門普、趙州無、德山棒、臨濟喝，與你尋常想底佛、持底咒，同耶？不同耶？同則，禪分五宗、教分五教；不同，則總是釋迦老子兒孫，何有彼此之異？到這裡具眼始得；若不具眼，師家學者皆為瞎漢。無明常云：說的顯箇不說底，祕密作用處表箇無作用處，思議境示箇不思議境，不是祕密，只是顯密不二。

他舉例說，有僧人問「如何是正法眼藏？」雲門文偃（八六四至九四九）

回答說：「普」；趙州從諗（七七八至八九七）有「狗子無佛性」公案（一稱「無」字公案或「趙州無」公案）；德山宣鑑（七八二至八六五）善用「棒」開導學者；臨濟義玄（?至八六七年）善用「喝」啟發學者，因此有「德山棒、臨濟喝」之稱。

總之，六祖惠能以後，禪宗發展出五家七宗，門庭家風，各有千秋。然而，元長認為，此與平常心裡想的佛、持的咒，是同?是不同?若同，禪宗又分五宗；說不同，卻皆是釋迦如來的兒孫，豈有你我之分?由此推之，顯密應是不二的。

天如惟則

一、生平概況

惟則（一二七六至一三五四），號天如，俗姓譚，吉安（今江西廬陵縣）人。自幼於禾山祝髮出家，受戒後即遊方參學，先後參禮過楚石、千岩、無見、無聞等諸師，因機緣不契，無所悟人。後來至浙江天目山參學，得法於明本，成為法嗣，屬臨濟宗虎丘派之傳人。

惟則時時感念明本的法乳之恩。他表示，自己打從幼年便知有參禪打坐之道，只是沒有遇到良師，以致雖長期努力卻不見成果，渾渾噩噩過了一、二十年；直到遇到明本，才知以往的學習和見解是錯用心了。這段過程記載於《天如惟則禪師語錄．卷一》裡：

山僧自幼便知有參禪學道，可惜不遇人，殃殃祥祥，弄了一、二十年。後來被中峰老師折挫一上，又被燈籠冷咲一上，忽腦門熱發，滿面慚惶，方自信參禪學道是錯用心，成佛作祖是錯用心。從此一放放下，做箇無轉智、無出豁漢，喫粥喫飯過，聽風聽雨眠。……山僧雖是依附多年，要且一法無所得；

非但一法無所得，更且和我從前所學所解底一時打失了。以是之故。自知恩大難酬。

惟則亦曾清楚地描述明本不矜誇的個性、及教育門人的風格。《天如惟則禪師語錄．卷一》有云：

及到天目依附幻住老和尚，每每見他道：「老幻一生參禪不得開悟。」我心中竊有所疑。後來方知，老和尚具大人相，不險不恠（怪），不矜不誇。他平生不肯自說悟由得處，而又嚴約參徒潛行密用者，意在使今時未得謂得、未證謂證、妄稱知識、誑謼閭閻之徒，知所羞媿（愧）、知所畏懼。此政是切救今時墮邪之病，以為後學掠虗（虛）之戒者也。

惟則說，明本平生不談自己的悟境，也謙稱自己一生參禪未曾開悟；而且嚴格約束門徒，要他們潛行密用，行事上不誇張搞怪；目的在於讓未證言證、欺狂眾人之輩知道羞愧和畏懼。

惟則對明本甚為尊崇；他讚譽明本不僅是紹繼臨濟一脈，更將禪宗之要旨廣為宣揚，教化大眾，對後代貢獻甚多。如《天如惟則禪師語錄・卷六・普應國師舍利塔記》所言：

國師紹臨濟垂絕之宗，大唱其道，普應群機，薄海內外風馳霆震。自吾徒以及異教，上而王公士夫，下而街童竈婦，均佩其化，相率躋于聖賢之域，其應之普之大若此。

明本對惟則也十分器重。至治二年（一三二二），明本分座於惟則，並命其說法。在《佛祖綱目・卷四十・明本禪師命惟則分座》中記載：

至治壬戌，本命則分座說法，眾駭且疑；及則提唱，龍象讋服。

可見當時應是惟則第一次對眾說法，在場的弟子才會既驚且疑；不過，等到惟則一開講，眾人皆信服，由此可知惟則之修為足以服眾。

至正元年（一三四一），惟則至蘇州講經，深受弟子擁戴。隔年，弟子們便出資，為惟則建造禪林，名為師子林菩提正宗寺。在翰林學士歐陽玄（一二八三至一三五七）所撰的〈師子林菩提正宗寺記〉（收錄於《天如惟則禪師語錄》之末），記載著此寺建造的過程：

姑蘇城中有林曰師子，有寺曰菩提正宗，天如禪師惟則之門人為其師創造者也。林有竹萬箇，竹下多怪石，有狀如狻猊者，故名師子林。且師得法普應國師中峰本公，中峰倡道天目山之師子岩，又以識其授受之原也。寺名菩提正宗者，帝師法旨與以是額也。其地本前代貴家別業，至正二年壬午師之門人相率出貲買地，結屋以居其師。而擇勝于斯焉。

由此可知，命名為師子林，一來是因為，寺旁的竹林內有許多怪石，形狀就像狻猊，故稱師子林。狻猊，是中國古代神話傳說中龍生九子之一，其形如獅，而晉代郭璞（二七六至三二四）注曰：「狻猊，獅子。」總之，其形貌像獅子。其次則是因為，明本當年在浙江西天目山獅子巖修行，為紀念衣鉢傳承，故取名師子林。至於寺名「菩提正宗」，則是朝廷所賜的匾額，足見惟則當時受到的尊崇。

法施平等是惟則一貫的說法風範，其說法剖析精當。每次說法，聽法者多達數百，惟則皆能隨其根機的深淺，一一為眾人開導解惑。向惟則問法的官員很多，但他皆一視同仁，不因請法者的身分而給於不同的對待。〈師子林菩提正宗寺記〉中記載：

師每說法，參問多至數百，隨其悟解，開導誘掖；有所質疑，剖析至當，莫不往虛實歸。至於安眾必擇法器，不泛然以容。檀施與貲視，師意嚮，亦不強委，師取共具，財足即止。諸行省平章，若河南之圖魯、江浙之道童、江西之買住、行宣政院使若岳叔木、肅政使者若普達實立，稽顙問道，執弟子禮彌恭，旁觀異之，師法施平等，官資崇庳若罔知也。

據後人研究，「不任住持之位」似是中峰一門的特色；惟則自然也承襲此風範，一生拒絕住持之職的邀請。〈師子林菩提正宗寺記〉中云：

江浙諸名山屢請主席，堅卻不受，遁跡松江之九峰間十有二年，道價日振。帝師與以佛心普濟文慧大辯禪師之號，兼與金襴僧伽梨衣。

惟則隱居蘇州松江九峰師子林十二年，風範行誼深受朝野敬重，獲賜號「佛心普濟文慧大辯禪師」，兼賜金襴法衣。至正十四年（一三五四），惟則六十九歲示寂，臨終靈瑞甚異，入塔於水西之原。其主要著作有《天如和尚語錄》（《天如惟則禪師語錄》）、《楞嚴經會解》、《淨土或問》等。

《天如和尚語錄》由其法嗣善遇編輯，初刊《語錄》四卷，《別錄》五卷，並附序文；後又續刊《剩語集》二卷，包含《淨土或問》及《宗乘要義》。至正十四年（一三五四）於雲棲寺改編為九卷，挪移《淨土或問》別行一冊。《淨土或問》，一卷，收錄於《大正藏》第四十七冊，以問答的方式提出二十六種問題，各問答之間皆有連貫，文脈一氣呵成，一一剖析淨土法門的各種信仰問題，是一本涵蓋淨土思想理論及修持方法兩方面的淨土要典。

《楞嚴經會解》的內容是將唐宋以來《楞嚴經》的九種注解加以會集，並附以補注。此書流布約二百年，且為人「交口贊善，而兢相講習」。但亦有持反對看法者。

如明朝馮夢禎（一五四八至一五九五）於〈本住白文序〉說：「是經譯梵以來，疏解者十餘家，唯天如《會解》，學者翕然宗之。以為是足盡《楞嚴》矣，不知此天如之《楞嚴》，非如來所說之《楞嚴》也。」簡言之，馮夢禎認為，《楞嚴經會解》裡有太多惟則的主觀看法，指出他援引各宗派的註釋來解釋《楞嚴經》，並參雜了個人意見。

錢謙益（一五八二至一六六四）於《大佛頂首楞嚴經疏解蒙鈔》中更加以評斷，他說：「垂二百年乃有異議，有人言此天如之《楞嚴》，非如來所說之

《楞嚴》也。《蒙（鈔）》詳定此《（會）解》，其宗印雖本原天目，而教眼則專屬天台。」錢謙益也認為，惟則實以天台宗的教理來詮釋《楞嚴經》。

二、禪淨思想

（一）水上葫蘆禪

惟則的禪法主要繼承明本的參話頭，但他也標舉自己禪法的特色。他稱自己教導後學的方法是隨機而變、無法可拘，就如「水上葫蘆禪」。如《天如惟則禪師語錄．卷一》的記載：

老僧底却是水上葫蘆禪，
觸著便動，捺著便轉，
活鱍鱍地無你奈何處。

水上的葫蘆，若觸摸它便會飄移；想按住它就會轉動，無法可拘；惟則便形容自己教導後學也如葫蘆，無定法可循。如《語錄．卷三》所言：「師子無法教兒，直向懸崖一拶，要從拶處翻身，死活不容眼眨。此數語可喻，吾宗參學之法也。」簡言之，「無法」就是沒有固定的方法，也就是可採各種善巧，只要能使人跳脫生死、徹底了悟的方法皆可運用。

惟則進而舉俱胝一指禪和童子手指的公案為例，於《語錄．卷一》云：「蓋此活脫境界本無定法，所以指示人不得。……要言之，俱胝因見指頭，得箇活脫；童子因不見指頭，得箇活脫。看他兩人得處自是兩般，何曾有定法？」藉以說明師者引導學人頓悟並沒有一定的方法。

（二）稱名念佛禪

明本著有〈懷淨土詩〉、〈勸念阿彌陀佛〉及《三時繫念》等淨土思想的文字，惟則受明本影響，也不吝於結合淨土法門，著有《淨土或問》一書。惟則認為念佛與參禪都可以了生死，是不同而同也。如城門有四面，隨各自的方向進城，入門處雖不同，進城後則同處城中。《天如惟則禪師語錄．卷二》中記載：

出家、在家諸佛子念佛修淨土者，自疑念佛與參禪不同。蓋不知參禪、念佛不同而同也。參禪為了生死，念佛亦為了生死。參禪者直指人心，見性成佛；念佛者，達惟心淨土，見本性彌陀。既曰本性彌陀、惟心淨土，豈有不同者哉？經云：譬如大城外有四門，隨方來者非止一路。蓋以入門雖異，到城則同。參禪念佛者，亦各隨其根器所宜而已，豈有異哉？

然惟則言，念佛與參禪雖都可以了生死，但還是要隨順各自的根機；因此，為了適應民眾需求，惟則提倡稱名念佛的法門。惟則肯定執持名號能夠普被三根，《淨土或問》云：「良以念佛法門，徑路修行，正按大藏接上上根器，傍引中下之機。」

惟則所說的念佛，並非單指口念，而是講究心口如一，念念相續。《語錄·卷二》：

念佛之中亦有靈驗、不靈驗者。何以故？但以口念而心不念者，不靈驗也。口與心聲聲相應，心與佛步步不離者，有靈驗也。……莫若以心憶佛，以心念佛，雖然口不出聲，卻是真念佛也。豈不見經中道：「十方如來憐念眾生，如母憶子。」眾生墮在生死海中，如兒子流落他鄉外國；佛如慈母常憶念之，雖不開口向人說其憶念，而其憶念之心，自然切切無間斷也。子若憶念其母，與母心同，則母子相見有日矣。故又云：「若眾生心憶佛、念佛，現前當來必定見佛。」現前者，現世也；當來者，來世也。果能如是憶佛、念佛，敢保現世必定見佛也。既曰現前見佛，則與參禪悟道何所異哉？

惟則認為，念佛也有靈驗與否的差別。如果心口相應，常不離佛，自然靈驗；以心憶佛、念佛，雖口不出聲，亦是真念佛。就如〈大勢至菩薩念佛圓通章〉云：「若眾生心憶佛、念佛，現前當來必定見佛。」惟則進一步說，若眾生憶佛、念佛，現前當來必定見佛，那與參禪悟道又有何差別？由此可見，惟則給了念佛法門十足的保證。

惟則雖提倡各種念佛法門，但以口稱念佛的念佛禪，深遠影響著後人。如明末四大高僧之一的蕅益智旭（一五九九至一六五五），就將《淨土或問》列入他所著的《淨土十要》的第六要；「稱名念佛禪」也於後來被收入禪宗修行法門之一。

無照玄鑑

玄鑑（一二七六至一三一三），字無照，為嗣法於明本的滇（雲南）僧，曲靖普魯吉（普魯吉即不魯吉，在曲靖府以北五十里處）人，依虎丘雲巖淨公剃染，又隨雄辯學習教觀，後至各地參學，歷經荊楚、吳越。〈大元普應國師道行碑〉中記載：「南詔僧玄鑑素明教觀……聞大唐有禪宗。……吾將從其學，使或未當，吾將易其宗旨，而俾趨教觀。」

玄鑑原是抱持著改變禪宗為教下，而進禪宗之門；豈知一聽明本教導，痛悟前非，洞徹法源底，成為明本座下弟子。因為他有研習經教的經歷，明本稱他為雲南鑑講主。

據《五燈全書・卷五十八》言所載，玄鑑回雲南時，受梁王重用，開泰華山，弘揚臨濟禪法，弟子數百人，得法印心者有五人。

玄鑑再度回天目山親近明本。皇慶三年（一三一三），玄鑑返回南詔時，卻逝世於歸途之吳中（江蘇蘇州）。玄鑑弟子普福等五人畫下明本的肖像南歸，來到中慶城時，四眾弟子皆來迎接。據《中峰和尚廣錄・卷三十》所載：

繼而普福等五比丘畫師像南歸，至中慶城四眾迎像入城，異光從像燭天，萬目仰觀，翹勤傾信，由是興立禪宗，奉師為南詔第一祖師。

玄鑑弟子所攜的明本的肖像發出神奇光芒，直射天際；南詔百姓因而對明本的禪法更加信仰，開宗立派，奉明本為南詔禪宗第一祖。明本的嗣法弟子，便為臨濟宗傳至雲南的最初一代。

明本聞玄鑑圓寂，親自撰寫〈祭玄鑑首座文〉（收入《中峰和尚廣錄・卷二十六》），並遣侍者前往祭拜。明本於祭文中流露出對玄鑑的不捨之情，以及對其成就之肯定：

佛祖之道未易墜兮，吾無照遠踰一萬八千里江山以來茲；佛祖之道失所望兮，吾無照負三十七春秋而云歸。……笑德山之焚疏鈔兮，何取舍之紛馳。鄙良遂之歸罷講兮，徒此是而彼非。惟吾無照不總（總）然兮，即名言與實相互融交涉而無虧。出入兩宗大匠之門兮，孰不歎美而稱奇。屈指八載之相從兮，靡有間其毫釐。我閱人之既多兮，求如無照者非惟今少，於古亦希。我不哀無照之亡兮，哀祖道之既墜；而今而後，孰與扶顛而持危？對鑪熏於今夕兮，與山川草木同懷絕世之悲也！

明本於祭文略述，他閱人無數，但像玄鑑者，古今少見。明本言，他不哀玄鑑之死，但哀臨濟禪宗之祖墜落；從今以後，還有誰能扶顛而持危？由此可見玄鑑之修為，亦可知明本其對玄鑑之看重。

古先印原

古先印原（一二九五至一三七四），字古先，日本薩摩（鹿兒島縣）人，俗姓藤原，藤原氏是當時日本的大貴族。《五燈會元續略．卷三》、《佛祖綱目．卷四十》記載著古先印原親近明本的因緣——

印原十三歲出家，一度遊方參學，遍參禪席，卻無所入。他感嘆，中夏乃佛法淵藪地（喻集中的地方），當前往求取佛法。延祐五年（日本文保二年，一三一八），印原涉險來到中國，最初參訪天台華頂峰無見先睹（一二六五至一三三四）。無見告訴他：你開悟修行的因緣不在我這裡，明本現於天目山說法，「爐鞴正赤，此真汝導師，宜急行！」

明本一見印原，知其是法器，遂令他充當侍者，執侍左右。在親近明本期間，印原屢呈見解，明本訶責他：「根塵不斷，如纏束縛」。印原聽後非常難過，涕淚悲泣，乃至寢食俱廢。明本憐念他求法心切，便開示他：此心包羅萬象，迷成生死，悟成涅槃。《五燈會元續略．卷三》中記載著這段開示：

> 此心包羅萬象，迷則生死，悟則涅槃；生死之迷固是未易驅斥，涅槃之悟猶是入眼金塵。當知般若如大火聚，近之則焦首爛額；唯存不退轉一念，生與同生，死與同死，自然與道相符。脫使未悟之際，千釋迦、萬彌勒傾出四海大水入汝耳根，總是虛妄塵勞，皆非究竟事也。

明本教導印原，生死之迷固是不易去除，涅槃之悟也是入眼金塵——一樣有礙；但存不退轉之心，生與同生，死與同死，自然會與法相應。倘若未悟，說盡第一義諦，總是虛妄塵勞，皆非究竟之事。印原聽後，更加精進猛厲用功。

某日，印原豁然有省，他歡喜踴躍，告訴明本：印原撞入銀山鐵壁去也。明本回應：既入銀山鐵壁，為何又來此？印原當下豁然頓解。明本為其印證並囑咐道：善自護持。

受到印可的印原，至虛谷希陵、古林清茂、東嶼海公、月江正印等處遊歷參學，人稱「叢林師子兒」。

泰定三年（日本嘉曆元年，一三二六），印原隨清拙正澄（一二七四至一三三九）回日本；正澄在日本廣開法席，印原功不可沒。承襲明本禪學思想的印原，極力倡導明本的禪風，不立文字，直指人心，並於日本創立了古先派。

據當代學者紀華傳（《江南古佛——中峰明本與元代禪宗》）指出，印原在日本仍時時感懷明本，於法雲寺逢明本的忌日時，印原拈香示眾，讚明本言：

道契王臣，德被遐邇，智如滄海，辯似懸河。言滿天下而無過，迹混塵中而不汙。拒諸剎之請，深藏絕壑窮山；應他方之緣，多是放光動地。欲隱彌露，善應無方。

在日本弘化期間，印原的弟子欲為他畫像，並請他先為畫像題贊。印原畫了一圓相，在上面題道：「妙相圓明，如如不動。觸處相逢，是何面孔？」晚年居長壽寺的印原，應安七年（一三七四）正月二十四日，微疾，謂侍者曰：「時至矣，可持觚翰（觚翰指木簡與筆）來，吾塔已成。」只寫了「心印」兩字，便端坐而逝，世壽八十，僧臘六十七。敕謚「正宗廣智禪師」，主要嗣法弟子有友峰等益、竺西等梵、東曙等海。

念菴圓護

圓護字念菴，大理人，初號無念，因讀《〈永嘉大師〉證道歌》（註八）契入，

段氏（叚為段的俗體字）稱為弘辯大師。據《新續高僧傳．卷六十一》記載：

無念後遊大方，見中峰便以羅什捧缽（註九）、永嘉無念無生之旨扣之。護曰：「我之無念異乎其所聞。什師過在絕念不起，永嘉過在任念自起，二者皆有念也。我無念者，心體靈明湛寂不動，如水鑑像，如鏡顯物，未嘗毫髮隱也。惟洞徹法源者叵測，未易與纏情縛識者語也。」

圓護見中峰時說，他的無念與鳩摩羅什法師（三四四至四一三）及永嘉大師（六六五至七一二）兩人不同；鳩摩羅什絕念不起，永嘉禪師則隨念自起，二者皆有念；他的無念是心體靈明湛然不動，就像清水照像、明鏡顯物，未嘗有些許如毫髮般隱蔽。這般境界惟有徹悟法源者能有所了解，無法輕易對纏情縛識者說明。

《新續高僧傳．卷六十一》並記載，明本大為讚賞圓護的說法，為他作了

〈無念字說〉（收於《中峰和尚廣錄．卷二十五》）並為其授三聚淨戒，稱其為「護藏主」。

圓護曾夢神人教導書法，故頗善書法；其右手從肘到腕的地方，瑩白如玉，卻筆力精妙，人稱為「玉腕禪師」。著有〈磨鏡法〉，並手書《證道歌》行於世。

蓮峰崇照

根據明代僧侶一徹周理所撰《曹溪一滴．卷一》記載，蓮峰崇照禪師為晉寧（今雲南昆明境內，地處滇池南岸）人，姓段，年十八，歸依雲峰和尚剃度落髮。雲峰令其參「狗子有無佛性」公案，蓮峰連續七天斷絕思慮參此公案；某一天，蓮峰忽聞伐木聲，廓然開悟。

之後遊歷十方，參訪空菴等十八位善知識，最後經明本印可後，返回雲南，建盤龍寺（註十），人稱「盤龍祖師」。

元至正二十一年（一三六一；另一說據《五燈全書》，蓮峰捨報為至正壬午年，即一三四二年），蓮峰詔眾書偈，跏趺而逝。逝世後身體溫軟，宛如生前；天現彩虹，三日不退，至今肉身常在。

遠溪祖雄

遠溪祖雄（一二八六至一三四四），號遠溪，丹波國冰光郡（兵庫縣）人，出身官宦名門藤原氏，為光基之子。幼年喜好打坐，十九歲出家受戒，遊歷諸方。元大德十年（日本德治元年，一三〇六），遠溪入元，參叩明本，為最早上天目的日僧。

明本對遠溪期許很高，曾讚其為希有難得的優鉢曇花，在《天目明本禪師雜錄·遠谿雄上人求加持布衣為說偈》中記載：「吾宗大雄，曾搭此衣；寸絲不掛，一肩橫披。優鉢曇花綻一枝。」

遠溪於明本門下，精勤向道，明本也教誨不倦，常常給於開示，據《天目明本禪師雜錄．卷二．示雄禪人》云：

「四大分散時，向何處安身立命？」你若真實要悟明自己，但於十二時中單單提起此箇話頭，粘頭綴尾，不斷頭驀直做向前去。……第一須是放得從前知見解會底禪道佛法淨盡。第二須把生死大事頓于胸中，念念如救頭然。若不頓悟，決定不休。第三須是作得主定，但是久遠不悟，都不要起第二念向外別求。任是生與同生，死與同死，有此真實志願，把得定，管取心空及第有日矣。

元延祐三年（日本正和五年，一三一六），遠溪返回日本，於筑前府中巖穴潛居隱修數年後，歸鄉里丹波結茅宴坐，四方僧侶聞風而至，漸成大剎，後成高源寺，後來成為日本臨濟宗中峰派的本山。高源寺被稱為西天目，與東天目——甲斐的棲雲寺對稱。

元至正四年（日本康永三年〔北朝〕／興國五年〔南朝〕，一三四四），遠溪捨報，享年五十九歲。著有《大幻門下規條》。

復庵宗己

復庵宗己（一二八〇至一三五八），日本常陸（今茨城縣）人，領主小田治久之子，幼年落髮出家。元至大三年（日本延慶三年，一三一〇），與元晦一起渡海入元，於明本座下參修。

明本令他參「狗子無佛性」，並為他書法語，記載於《天目明本禪師雜錄．卷二．示宗己禪人》：

趙州因甚道箇無字？此八箇字是八字關，字字要著精彩。看你若依稀彷佛，半困半醒似有似無，恁麼參去驢年也不會發明。參禪全是一團精神，你若精神稍緩，便被昏散二魔引入亂想狂妄窟中，作顛倒活計。參到精神不及處，驀忽猛省，方知只箇精神，亦無著處。便見自己即宗，惟宗即己；宗外無己，己外無宗。惟己與宗俱成寐語。……趙州因甚道無字？自己與宗都莫論。盡力直教參到底，便於無佛處稱尊。

元至順元年（日本元德二年，一三三〇），宗己歸國。因欽慕明本高風，寄迹山林，諸山懇固辭不立，於鄉里常陸開法雲寺。當時江湖雲衲至其會下經常及二千人，僧俗瞻禮認為活佛。

元至正十八年（日本延文三年，一三五八），宗己捨報於法雲寺。至正二十年（日本延文五年，一三六〇），後光嚴天皇敕謚「大光禪師」。有《大光禪師語錄》一卷傳世。

無隱元晦

無隱元晦（？至一三五八），字無隱，日本豐前（福岡縣）人，元至大三年（日本延慶三年，一三一〇），與宗己一起渡海入元，於明本座下參修。無隱出長紙求警策，明本乃直書長語以遺之，詳細記載於《天目明本禪師雜錄．卷三．示無隱晦禪人》：

但單單提起箇所參底無義味話橫在目前，都不要別起第二念。……盡十方世界直下要隱也不得，要晦也不得，要認著也不得，乃至要棄之而不顧也不得，一切用心皆不得。直須是覿體悟明全身透入，不滯方便、不依作用、不存修證、不住功勛，乃至不依倚一物，如水入水、似空合空，然後即其所入所合之迹亦無地可寄，是謂一相三昧、無功用法門。……只要信得及，只恁麼參取，久之自然不知不覺以之悟入。

元泰定三年（日本嘉曆元年，一三二六），無隱隨元僧清拙正澄歸國，清拙住持京都建仁寺，無隱為首座，後受請說法於筑前顯孝寺，此後又相繼住持於聖福寺、圓覺、建長、南禪等寺，於並壹岐（位於九州）開創安國寺。

元至正十八年（日本延文三年，一三五八），無隱捨報於福智寺，敕謚「法雲普濟禪師」。

明叟齊哲

明叟齊哲（？至一三六二），號明叟，日本僧人，元延祐五年（日本文保二年，一三一八）入元，至天目山參學。明本諄諄教誨齊哲，在齊哲求語警策時，明本書寫《天目明本禪師雜錄．示聖門哲禪人》：

昔僧問馬祖如何是佛？祖云：即心是佛；此一句話直是軟頑一切人，是說箇箇領略得去。爭似將箇趙州因甚道箇無字話，立定腳頭，一氣拍盲，參向前去；若不親到大徹大悟之地，決定不休。能如是立志參究，久之頓悟，則知「即心是佛」與箇無字總成剩語。

元泰定三年（日本嘉曆元年，一三二六），齊哲隨元僧清拙正澄還回日本，掛單於京都建仁寺。後住持於京都真如寺，再遷甲斐慧林寺，繼創正法寺。元至正二十二年（日本貞治三年，一三六二），圓寂建塔於南禪寺雲興庵。

關西義南

關西義南，俗姓源，日本僧人。元延祐四年（日本文保元年，一三一七），因喜愛禪宗教外別傳之旨，入元參學於明本門下。元順宗欽其戒德，賜菩薩號，稱「義南菩薩」。

元至正十年（日本正平五年，一三五〇），義南與無文元選一同歸國，於關西鼓吹禪風，大揚明本禪法，以機鋒孤峭聞名。

文學及書法成就

宋代文字禪風的流行，帶動了宋元時期佛教文學和藝術的興盛。宋元時期的僧人，於參禪修持的同時，對詩歌（禪詩）、書畫（書法或禪畫）也多有涉略。明本也不例外，除德行及禪修功夫令人折服外，詩詞、書法造詣也使人讚歎。

以詩文寫佛法

明本是元代頗負盛名的詩僧，留下的詩文很多。在文學史上，最為人所稱歎的是馮子振與明本詩文酬唱的〈梅花詩百詠〉（收入《四庫全書》）。

據《御選歷代詩餘》的記載，明本與書法家、畫家趙孟頫為方外之交；與趙同為翰林院學士的馮子振（字海粟）為散曲名家，素來輕視此行。某日，趙孟頫邀約明本一同前往拜訪馮子振，海粟拿出所作〈梅花百絕句〉請其觀賞。明本一時興起，奉和百首，海粟因此折服，遂成定交。

以下便擇兩首梅花詩之酬唱，以見明本之詩文風采——

〈古梅〉

天植孤山幾百年，名花分佔逋翁先；只今起草新栽樹，後世相看亦復然。

和——

起如虬柏臥如槎，猶吐冰霜度歲華；山月江風常是伴，不知園館屬誰家。

〈老樹〉

古樹槎牙鎖綠苔，半生半死尚花開；不須更問春深淺，人道咸平手種來。

和——

種花年少負幽期，歷遍風霜不計時；顧我今居丈人行，願遺清白蔭孫枝。

另外，《一華五葉》中的〈擬寒山詩〉百首，為仿傚《寒山詩》而作的一百首律詩，內容以敘說參禪之旨為主，進而破除學者「未得謂得，未證謂證」之邪見為目的。還有闡讚淨土思想百八首的〈懷淨土詩〉、〈懷淨土〉（十首）、〈勸念阿彌陀佛〉，此融攝淨土思想的詩文於世間流通甚廣，對於信眾的淨土信仰影響很大。

明本尚有述說隱居山林的參禪境界的詩歌，如〈船居〉、〈山居〉、〈水居〉、〈𣲷居〉、〈生老病死〉、〈山舟〉、〈天目四時〉、〈幻海〉、〈即休歌〉、〈頭陀苦行歌〉、〈托缽歌〉、〈行腳歌〉、〈自做得歌〉、〈水雲自在歌〉等，在在以文學之筆寫佛法之道。

柳葉體的書法藝術

在北宋時期，禪門中有關繪畫的文字記錄並不多，偶然出現，也都是所謂的「真贊（讚）」類。（「真」是真儀的簡稱，乃肖像之意；「真贊」或「自述真贊」的繪畫，即禪宗祖師、禪師的肖像）據統計，楊岐派禪僧語錄所收錄的真贊類，在數量上比其他宗派還多；由此或可見，楊岐派對繪畫創作當抱持著積極肯定的態度。

再者，楊岐派從開山始祖楊岐方會開始，及其再傳法嗣五祖法演，皆運用真像開示禪機。如楊岐方會在其《楊岐方會和尚語錄．自述真讚》中即言：

口似乞兒席袋，鼻似園頭屎杓；勞君神筆寫成，一任天下卜度。

似驢非驢，似馬非馬；咄哉楊岐，牽犁拽杷。

指驢又無尾，喚牛又無角；進前不移步，退後豈收腳？

無言不同佛，有語誰斟酌？巧拙常現前，勞君安寫邈。

楊岐方會引導觀者，從有形的肖像進而參悟於表象之外，讓其領悟心為物役，須回到物象之外才能見本來面目。這種直攻本心的教化方式，與其他宗派相較之下更為靈活無礙，也更為契合南宗禪「無所住」的宗旨。

再者，五祖法演也在《法演禪師語錄》中自述真贊言：

> 以相取相都成幻妄，以真求真轉見不親。
>
> 見成公案無事不辨，百年三萬六千日，翻覆元來是這漢。

五祖法演以消極的態度——「以相取相都成幻妄」——為起首，轉以「見成公案無事不辨」的肯定態度，進而將自己與繪像皆視為「現成公案」。換言之，楊岐派早將肖像當做「現成的公案」。

到了南宋時期楊岐派名僧大慧宗杲，開始在其語錄中收錄「讚佛祖」（即後來的「佛祖贊」，包括佛菩薩、禪宗祖師及禪師肖像等人物畫），開啟在語錄內收錄除真贊以外的題畫文字之風氣。此後，不僅「讚佛祖」成為楊岐派禪僧語錄中不可或缺的一部分，還帶動了其他題畫文字的寫作。南宋晚期，偈頌中的題畫詩，以及其他的畫跋與題畫文字，在楊岐派的禪僧語錄中成為屢見不鮮的常事。

楊岐派禪僧肯定繪畫創作的態度，在元代又有了進一步發展。今日傳世的禪宗繪畫，就有大半是成於元代，其在風格上呈現極其多樣的變化，可以窺知禪宗繪畫在元代盛極一時的情形。

生長於元代又是楊岐派派系傳人的明本，當然也被潛移默化、深受楊岐派自由活絡禪風的影響；因此，明本書法作品大多用筆隨意，如柳葉飛舞之狀，書風因而被時人貼切地描繪為「柳葉體」。（註十一）換言之，明本的書法作品不甚受中國傳統書法之影響，在中國書法藝術史上自成一家。

據當代德國學者勞悟達（Uta Lauer）指出，北宋書法家朱長文（一〇三九至一〇九八）所刻畫的柳葉體特徵有三點——

一、點線不直：點與線總是婉轉彎曲，首是筆尖落地，中是增寬，後又縮為纖細的比例，如同柳葉一般。

二、筆法勁爽：運筆之勢明晰有力，婉轉筆畫形成了如雕刻般的效果。

三、無法習得：柳葉書風並非中國書法的正統，因此無法藉臨摹以往傳統碑帖名作而習得。

而此三點正與明本的書法風格相契合。明本的書法點與線總是婉轉彎曲，如同柳葉一般；再者，明本書寫時運用不同的腕力，從輕微到有力的不斷變換，使其書法如雕刻般地呈現。最後，明代作家劉璋（一四二九至一五一一）在《皇明書畫史》中云：「明本書類柳葉，雖未入格，亦自是一家。」勞悟達亦言，明本專善行書，並採用章草筆法寫行書，但明本書體有其特質：稍微壓縮的字，橫向筆劃的波動感，及右下方傾斜的筆劃（可知其吸收了章草筆法），再加上個人風格標誌的柳葉狀筆劃——某些筆劃以淚珠狀收筆，進而創造出自己獨樹一格的筆風。

明本的書法作品在華人學界保存有限，因此難引起佛教界及學術界重視；

也或許因柳葉體的書法太另類，而未受到學界認可。慶幸的是，元朝時頗多日本僧人向明本參學，歸國時攜帶了明本大量手書的像贊、題字及偈語等真跡，使得明本的書法作品在日本獲得較為妥善的保存，進而可以流傳至今。

據勞悟達的研究，根據明本作品用途的不同，可將其分為五類：一、明本頂相（高僧祖師的肖像畫謂之頂相，通常是在祖師生前即先以素描手法摩寫真容）的題寫自贊，如高源寺所藏頂相、神戶藪本家所藏頂相；二、其他繪畫上的贊語和題跋，如《觀音》像題贊、《金剛經》題跋等；三、法語，如為遠溪祖雄題寫的法語；四、牘札，如〈致性海道人札〉、〈致僧濟札〉等；五、法號或道號、為一草庵題寫的會庵等。

明本的作品可分為早期和晚期的作品。早期之作可以〈致大友貞宗領主札〉為代表；此札行距均勻，輪廓清晰，上下對齊，瘦細、堅挺而富有彈性的筆劃和偶爾肥大的比畫之間存在的明顯對比，隨著複雜多變的柳葉體筆勢極具表現力。晚期之作則可以〈致僧濟札〉為代表；此札其章法猶如編織緊密的網，行距不明顯，向左傾斜的感覺頗為明顯，寬大的筆劃體現出雕刻般的感覺，柳葉體筆法遒勁，勢如破竹，一筆揮就。

總之，由二十世紀九十年代的德國學者勞悟達以《中峰明本禪師的書法》（已有中文譯本問世）為其博士論文題目來看，或可推知，明本於藝術方面的成就，在日本及海外受到較多青睞。

【註釋】

註一：「正法眼藏」是諸佛涅槃之妙心，非文字經教所能闡釋，卻又是一切諸法的綱領，是成佛的第一義諦，禪家將之視為教外別傳之心印。相傳釋迦牟尼佛以「正法眼藏」付與大弟子迦葉，此為佛教以心傳心授法的開始。《佛光大辭典》的解釋為：「正法眼藏是教外相傳之心印，又作清淨法眼。即依徹見真理之智慧眼（正法眼），透見萬德祕藏之法（藏），亦即佛內心之悟境。」

經文中提及的「拈花微笑」則成為禪門第一公案，為釋迦如來以心印心之如來禪最早使用之方法。佛陀離語言文字，以手拈花，而與弟子心心相印、使之悟入第一義諦；後來用以比喻徹悟禪理、師徒彼此一致的心境。

註二：「南能北秀」的對立出現後，學人相對於惠能的「南宗」，而稱神秀的禪法為「北宗」。當代學者楊曾文於《新版敦煌新本六祖壇經》中言：「世人盡傳南能北秀，未知根本事由。且秀禪師於南荊府當陽縣玉泉寺住持修行，惠能大師於韶州城東三十五里曹溪山住；法即一宗，人有南北，因此便立南北。」

簡言之，楊曾文認為禪法只有一宗，只是因地域有南北之別，故有南北二宗之稱。然而，在宗派的發展與禪法的特色，南北二宗確有差別：北宗神秀一派偏重漸修，南宗惠能則啟人頓悟。

註三：《六祖壇經》，全一卷，全稱《六祖大師法寶壇經》，又稱《法寶壇經》、《壇經》。《六祖壇經》是中國佛教著作中唯一被尊稱為「經」者，可知其內容的珍貴。其由六祖惠能述、法海集、元代宗寶編，共分十門：〈行由品〉、〈般若品〉、〈疑問品〉、〈定慧品〉、〈坐禪品〉、〈懺悔品〉、〈機緣品〉、〈頓漸品〉、〈宣詔品〉、〈付囑品〉，收於《大正藏》第四十八冊。

《六祖壇經》彙編過程可分為三個階段。第一階段，六祖惠能應韶州韋刺史之邀於大梵寺講《摩訶般若波羅蜜經》，法海將此事記錄，題為《摩訶般若波羅蜜經六祖惠能大師於韶州大梵寺施法一卷》。第二階段，惠能回曹溪寶林寺開示定慧為本、一行三昧、無念為宗、無相為體、無住為本等法門；法海將曹溪的開示收錄於後，將記錄改名為《摩訶般若波羅蜜經六祖惠能大師於韶州大梵寺施法一卷兼授無相戒》。此後，六祖惠能的弟子開始傳抄，傳抄時將名改為《六祖法寶記一卷》，至此開始流傳。第三階段，六祖惠能圓寂後，弟子收錄六祖與弟子間的問答，和臨終付囑及身後事蹟等。

《六祖壇經》記載惠能一生得法、傳法的事蹟及啟導弟子的言教，內容豐富，文字通俗，是研究禪宗思想淵源的重要依據。《六祖壇經》的內容，依說法開示地點，可分為韶州大梵寺及曹溪寶林寺兩部分。在大梵寺的開示包括：收在〈行由品〉，六祖惠能述說自己得法的因緣；〈般若品〉，六祖惠能開示「摩訶般若波羅蜜法」及傳授「無相頌」；〈疑問品〉，六祖惠能回答韋刺史的疑問及再傳「無相頌」。惠能應韶州韋刺史之邀於大梵寺說法後，即回曹溪寶林寺。在寶林寺開示的內容，可分三類：一、六祖惠能的開示，收在〈定慧品〉、〈坐禪品〉、〈懺悔品〉；二、惠能與弟子間的問答，收於〈機緣品〉、〈頓漸品〉、〈宣詔品〉；三、惠能的臨終付囑及身後事蹟，收於〈付囑品〉。

註四：《五燈會元．卷四》記載，唐代俱胝禪師，歷經會昌法難後，在婺州金華山草庵中一心參禪。

某日，來了一位法名「實際」的比丘尼，向他提問「什麼是佛法大意？」俱胝禪師一時無言以對。比丘尼再三追問，俱胝依然無法適切回答。懊惱之下，決定離開金華山參訪問道。當晚，卻有山神於夢中告訴他，近日將有大菩薩來為他說法。

十日後，果然有一位天龍禪師行腳至此。俱胝恭敬請示；天龍禪師聽後，默然不語，突然豎起一根手指，俱胝頓時豁然大悟。此後，有學人問法時，俱胝禪師也總豎一指，也有不少學僧因此契悟。俱胝禪師圓寂前，便對大眾開示：「吾得天龍一指頭禪，一生用不盡。」

然而，中間有一段插曲。俱胝禪師座下有一小童，見師父總對求道者豎起一指，往後有人問他：「俱胝禪師有什麼法要？」小童便鸚鵡學語地豎起指頭。有人便對禪師說：「大師，這位童子也會佛法啊！有人向他問法時，他就跟您一樣豎起指頭。」有一天，禪師袖裡藏刀，詢問童子：「聽說你會佛法，是嗎？」童子說：「是。」禪師便問「如何是佛？」童子便豎起指頭；就在那一瞬間，禪師以刀斷其指，童子痛得大叫、走出禪房。禪師叫住他，在他回頭時，馬上又問：「如何是佛？」童子反射性地舉起手來卻不見指頭，當下豁然開悟。

由此或可窺知，「一指頭禪」的重點並不在那根手指頭，而是在於禪師當下的契機引導。

註五：幻住派為日本禪宗諸派之一，乃鎌倉末期入元嗣幻住庵明本法系而返日者的總稱。此派的特色在於，繼承明本的隱遁性格與禪淨一致思想。初創時，遠離中央五山（幕府指定之五座著名臨濟宗寺院）而著重於地方教化；至遠溪的法系一華碩由，此派與五山逐漸往來密切。後來，三聖、建仁、南禪、建長、圓覺諸寺遂係屬於幻住派。至江戶時代，此派曾蔚成大派。

註六：「嗣法」指嗣續法統，又作傳法、嗣續，是佛教禪宗的用語，泛指弟子承受其師之教法，並成為其後嗣者；此一後嗣者通常稱為法嗣。

註七：南宋萬松行秀撰《從容錄》第十八則云：

僧問趙州：「狗子還有佛性也無？」州云：「有。」僧云：「既有，為甚麼卻撞入這箇皮袋？」州云：「為他知而故犯。」

又有僧問：「狗子還有佛性也無？」州曰：「無。」僧云：「一切眾生皆有佛性，狗子為什麼卻無？」州云：「為伊有業識在。」

註八：《證道歌》又稱《永嘉證道歌》，是永嘉玄覺大師抒發自己證道後的心境；附有〈無相大師行狀〉一文，記錄永嘉禪師拜見六祖惠能情景。玄覺禪師，俗姓戴，溫州永嘉（今浙江省溫州市永嘉縣）人。法號玄覺，又號真覺大師，謚號無相。自幼出家，少年時學習佛教經論，特別精通天台止觀教義，與哥哥宣法師同住溫州龍興寺；讀了《維摩詰經》後明白心地法門。與玄策禪師偕行至曹溪拜謁六祖惠能，一問一答，即得印證。因僅在曹溪山中留宿一夜，翌日下山，時稱「一宿覺」，故又被稱為「宿覺禪師」。

註九：什師十二歲時隨母親來到沙勒（疏勒，今新疆喀什）王宮，並有緣得以見到佛缽。小小年紀的什師，或許是一時好奇，試著把佛缽放在頭頂上，竟然輕而易舉。此刻，他心中暗自想著：「佛缽的形體看起來不小，為什麼會這麼輕呢？」才剛生起這個念頭，便馬上感到佛缽的沉重；他的力氣不夠、舉不起來，佛缽立即掉落。什師經此悟到：自己的心一時之間產生分別執著，佛缽才會一瞬間由輕變重；由此可見心念之重要與力量。

註十：盤龍寺位於晉甯縣晉城東五公里的盤龍山上。相傳盤龍山素有蛟龍居住，至正七年（一三四七），蓮峰至盤龍山，見山勢雄偉，地勢寬闊，上有懸瀑，下有深潭，甚為中意，乃念咒使蛟龍遷居，水乾涸後動工修建寺宇。明初祖源和尚相繼擴建寺宇，蓋藏經樓、觀音殿，使寺宇更具規模。據明代徐弘祖（一五八七至一六四一）所著的《徐霞客遊記》記載：「盤龍山蓮峰祖師，名崇照，元至正間以八月十八日涅槃。……至今日以此為盤龍會。」

註十一：「柳葉體」一詞原指小篆的十一種類型之一。柳葉體就像「鳥書（體）」或「蛇書」一般，是一種象形書體，乃是模仿自然現象而來。據《漢語大辭典》的說明，柳葉篆是篆書的一種，晉代衛瓘（二二〇至二九一）作；因形如柳葉，故名。明代陶宗儀（一三二九至一四一〇）於《書史會要．秦．李斯》中言：「自小篆後又別為八，曰鼎小篆、曰薤葉篆、曰垂露篆、曰懸針篆、曰纓絡篆、曰柳葉篆、曰翦刀篆、曰外國胡書，此皆小篆之異體也。」

附錄

中峰明本禪師年譜

歲數—西元—帝號—年號

一歲　一二六三　南宋理宗　景定四年（元世祖中統四年）

・中峰明本生。

七歲　一二六九　南宋度宗　咸淳五年（元世祖至元六年）

・從市學讀《論語》、《孟子》等儒家經典。

九歲　一二七一　南宋度宗　咸淳七年（元世祖至元八年／定國號爲元）

・喪母而輟學。

十五歲　一二七七　南宋端宗　景炎二年（元世祖至元十四年）

・決心出家，禮佛燃臂，受持五戒。

・日課《法華經》、《圓覺經》等大乘經典；夜也修行不懈，困以首觸柱自警。

・常登上靈洞山習禪。

十七歲　一二七九　南宋懷宗　祥興二年（元世祖至元十六年）

・明本之師高峰原妙至天目山隱居修行。

・南宋滅亡，元統一全國。

二十歲　一二八二　元世祖　至元十九年

・讀《傳燈錄》，生起疑情。

・經沙門明山接引，參叩天目山高峰原妙。

二十四歲　一二八六　元世祖　至元二十三年

・獨自登上天目山親近高峰原妙。

・讀誦《金剛經》至「荷擔如來」處，恍然有所悟；明本認為此是識量依通，並非開悟也。

二十五歲　一二八七　元世祖　至元二十四年

・受信女楊妙錫供養僧牒衣具。

・隨山海翁再度登上天目山，正式於高峰原妙座下出家。

二十六歲　一二八八　元世祖　至元二十五年

・受具足戒。

二十七歲　一二八九　元世祖　至元二十六年

・明本擔任獅子禪院維那之職。

・大徹大悟，得高峰原妙付法：「我相不思議，佛祖莫能識；獨許不肖兒，得見半邊鼻。」

二十八歲　一二九〇　元世祖　至元二十七年

・擔任高峰原妙侍者。

二十九歲　一二九一　元世祖　至元二十八年

・松江府（今上海市松江縣）兩浙運史的瞿霆發（字鴻沙）布施莊田二百七十頃田，由高峰原妙與弟子明本和斷崖了義共同建造寺院。至元二十九年（一二九二），賜額大覺正等禪寺。

三十三歲　一二九五　元成宗　元貞元年

・高峰原妙臨終前特派吉上人到江西送遺書給明本，有意安排其任大覺正等禪寺住持一職；明本志在習頭陀行，因此推荐祖雍擔任住持之位。

三十四歲
一二九六　元成宗　元貞二年
・至杭州西湖東南的吳山建立了禪庵，稱雲居禪庵。

三十五歲
一二九七　元成宗　大德元年
・春天，到安徽皖山，秋天遊廬阜，冬天至金陵；前後十幾個月即棲隱於山林間。

三十七歲
一二九九　元成宗　大德三年
・至弁山，先在彬、澄兩位僧人的雲半間落腳，後在資福寺後面之黃沙坑結庵居住，取名幻住庵。

三十八歲
一三〇〇　元成宗　大德四年
・再度回到吳中（今蘇州），陸德潤供養布施松岡數畝（蘇州市城西），於閶門之西五餘里的雁蕩建庵；建此庵時，馮海粟爍泥，趙孟頫搬運，明本親自塗壁，趙孟頫題匾額為「棲雲」。明本在此居住了三年，亦取名為幻住庵。

四十歲　一三〇二　元成宗　大德六年

・瞿霆發邀請明本住持大覺禪寺，明本卻請布衲祖雍就任大覺禪寺住持，自己遠走南徐（在今江蘇鎮江）。

四十二歲　一三〇四　元成宗　大德八年

・返回天目山，為先師高峰原妙守塔。

四十三歲　一三〇五　元成宗　大德九年

・住持獅子禪院。

四十六歲　一三〇八　元武宗　至大元年

・尚在東宮時的元仁宗，賜明本號「法慧禪師」。

・辭去獅子禪院住持之位，再度隱遁山林江河之間。

四十七歲　一三〇九　元武宗　至大二年

・至儀真（今江蘇揚州附近），過著船居生活。

四十八歲　一三一〇　元武宗　至大三年

・受大眾邀約，再度回到天目山。

四十九歲　一三一一　元武宗　至大四年

・又船居於吳江，陳子聰建順心庵，請師開山說。

五十歲　一三一二　元仁宗　皇慶元年

・結庵於廬洲（位今安徽合肥）六安山，不久又至東海州。

五十一歲　一三一三　元仁宗　皇慶二年

・應邀至江浙行省丞相脫歡私宅，受請住持靈隱禪寺，婉拒不受。

・瞿霆發逝世，回山弔唁。

・瞿霆發之子瞿時學奉宣政院疏，再度邀請住持大覺寺。

・推薦首座大覺永泰出任大覺寺住持。

五十二歲　一三一四　元仁宗　延祐元年

・再度住持獅子院。

・接王璋書信，得知將派遣參軍洪鑰入天目山問法。

五十三歲　一三一五　元仁宗　延祐二年

・結庵大窩。

五十四歲　一三一六　元仁宗　延祐三年

・宣政院使受命整頓佛教，抵達杭州時，準備上山拜謁；明本聽聞此消息，避之鎮江。

五十五歲　一三一七　元仁宗　延祐四年

・丹陽蔣善秉建大同庵。
・撰著《幻住庵清規》。
・作〈大同庵記〉，解釋大同庵之名。

五十六歲　一三一八　元仁宗　延祐五年

・受大眾之請，又回到天目山。
・仁宗皇帝詔請入內殿，固辭不受。

・仁宗賜號「佛慈圓照廣慧禪師」，並賜金襴袈裟，再敕杭州路官府終身優禮，為其外護。
・仁宗皇帝改獅子禪院為獅子正宗禪寺，詔翰林學士趙孟頫撰碑以賜。並贈高峰原妙「佛日普明廣濟禪師」之號。

五十七歲　一三一九　元仁宗　延祐六年

・王璋九月初六，上天目山。翌日，請就獅子正宗禪寺升座，為眾拈香說法。

六十歲　一三二二　元英宗　至治二年

・回拒杭州徑山興盛萬壽禪寺住持之位。
・轉到佳山結庵。
・趙孟頫去世，為其設靈，及作對靈小參之佛事。

六十一歲　一三二三　元英宗　至治三年

・示寂於天目山，春秋六十一歲，僧臘三十七（或言僧臘三十有五）。

中峰明本禪師之師承表

天竺第一祖　摩訶迦葉

↓

天竺第二祖　阿難

↓

天竺第三祖　商那和修

↓

天竺第四祖　優波毱多

↓

天竺第五祖　提多迦

↓

天竺第六祖　彌遮迦

↓

天竺第七祖　婆須蜜

↓

天竺第八祖　佛陀難提

↓

天竺第九祖　伏馱蜜多

↓

天竺第十祖　脇尊者

↓

天竺第十一祖　富那夜奢

↓

天竺第十二祖　馬鳴

↓

天竺第十三祖　迦毘摩羅

↓

天竺第十四祖　龍樹

↓

天竺第十五祖　迦那提婆

↓

天竺第十六祖　羅睺羅多

↓

天竺第十七祖　僧伽難提

↓

天竺第十八祖　伽耶舍多

↓

天竺第十九祖　鳩摩羅多

↓

天竺第二十祖　闍夜多

↓

天竺第二十一祖　婆修盤頭

↓

天竺第二十二祖　摩拏羅

↓

天竺第二十三祖　鶴勒那

↓

天竺第二十四祖　師子

↓

天竺第二十五祖　婆舍斯多

↓

天竺第二十六祖　不如蜜多

↓

天竺第二十七祖　般若多羅

↓

天竺第二十八祖　菩提達摩
（東土初祖）

↓

東土二祖　慧可

↓

東土三祖　僧璨

↓

東土四祖　道信

↓

東土五祖　弘忍　　　　牛頭法融
（牛頭宗）

↓

東土六祖　惠能
（南宗）

神秀
（北宗）

↓

荷澤神會
（荷澤宗）

永嘉玄覺

南嶽懷讓
↓
馬祖道一
（洪州宗）
↓

南陽慧忠

青原行思
↓
石頭希遷
（石頭宗）

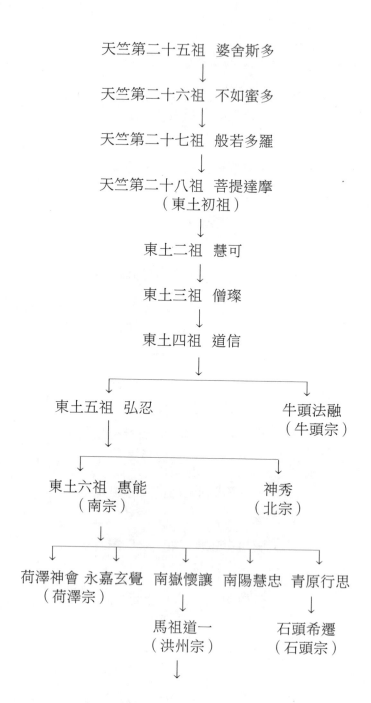

↓

西堂智藏　　百丈懷海　　南泉普願

百丈懷海
↓
黃檗希運　　溈山靈祐

南泉普願
↓
趙州從諗

黃檗希運
↓
臨濟義玄
（臨濟宗）
↓
興化存獎
↓
南院慧顒
↓
風穴延沼
↓
首山省念
↓
汾陽善昭
↓
石霜楚圓
↓
楊岐方會　　黃龍慧南
（楊岐宗）　　（黃龍宗）
↓　　↓

溈山靈祐
↓
仰山慧寂
（溈仰宗）

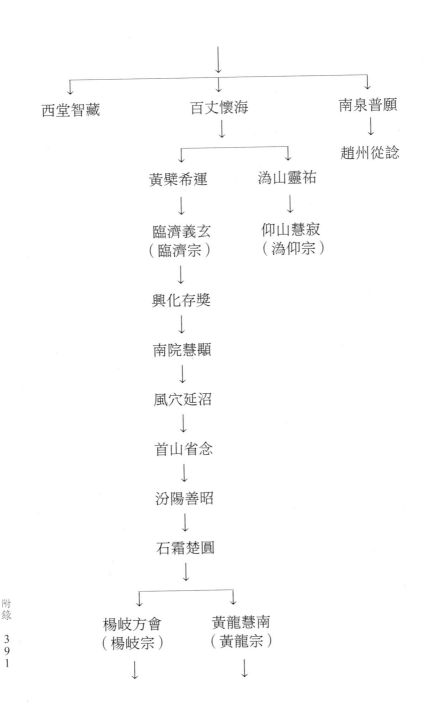

楊岐方會（楊岐宗）　　黃龍慧南（黃龍宗）

↓　　↓

白雲守端　　明庵榮西（日本）

↓

五祖法演

↓

圜悟克勤

↓

虎丘紹隆　大慧宗杲

↓

應庵曇華

↓

密庵咸傑

↓

破庵祖先　松源崇嶽

↓

無準師範

↓

雪巖祖欽　　斷橋妙倫

↓　　↓

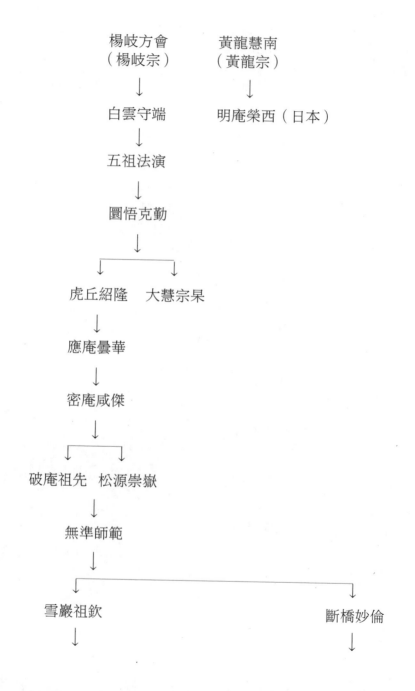

↓
高峰原妙
↓
- 斷崖了義
- 布衲祖雍
- 空中以假
- 中峰明本
  ↓
  - 千巖元長
  - 天如惟則
  - 無照玄鑑
  - 古先印原
  - 遠溪祖雄
  - 復庵宗已
  - 無隱元晦
  - 明叟齊哲
  - 關西義南

↓
方山文寶
↓
無見先睹

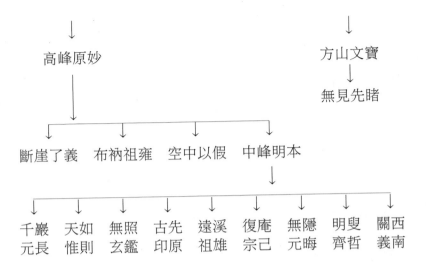

佛教典籍（依 CBETA 電子佛典冊數排序）

《佛說給孤長者女得度因緣經》，《大正新修大藏經》第二冊。
《佛說長者女庵提遮師子吼了義經》，《大正新修大藏經》第十四冊。
《四分律刪繁補闕行事鈔》，《大正新修大藏經》第四十冊。
南宋 大慧宗杲，《大慧普覺禪師法語》，《大正新修大藏經》第四十七冊。
宋 才良 等編，《法演禪師語錄》，《大正新修大藏經》第四十七冊。
元 惟則，《淨土或問》，《大正新修大藏經》第四十七冊。
明 蓮池，《禪關策進》，《大正新修大藏經》第四十八冊。
唐 慧能說，法海集錄，《六祖法寶壇經》，《大正新修大藏經》第四十八冊。
唐 宗密，《禪源諸詮集都序》，《大正新修大藏經》第四十八冊。
唐 百丈原撰，元德輝重修，《敕修百丈清規》，《大正新修大藏經》第四十八冊。
元 念常撰，《佛祖歷代通載》，《大正新修大藏經》第四十九冊。
宋 志磐，《佛祖統紀》，《大正新修大藏經》第四十九冊。

東吳　道原，《景德傳燈錄》，《大正新修大藏經》第五十一冊。

明　蓮池，《往生集》，《大正新修大藏經》第五十一冊。

《大梵天王問佛決疑經》，《卍新纂續藏經》第一冊。

明　眞啓編，《闢妄救略說》，《卍新纂續藏經》第六十五冊。

元　中峰明本，《天目明本禪師雜錄》，《卍新纂續藏經》第七十冊。

元　高峰原妙撰，洪喬祖編，《高峰原妙禪師禪要》，《卍新纂續藏經》第七十冊。

元　高峰原妙，《高峰原妙禪師語錄》，《卍新纂續藏經》第七十冊。

元　釋善遇編，《天如惟則禪師語錄》，《卍新纂續藏經》第七十冊。

明　釋明河，《補續高僧傳》，《卍新纂續藏經》第七十七冊。

清　自融撰，《南宋元明禪林僧寶傳》，《卍新纂續藏經》第七十九冊。

明　淨柱編《五燈會元續略》，《卍新纂續藏經》第八十冊。

清　霽崙超永編，《五燈全書》，《卍新纂續藏經》第八十二冊。

明　南石文琇，《增集續傳燈錄》，《卍新纂續藏經》第八十三冊。

明　宋濂，《佛祖綱目》，《卍新纂續藏經》第八十五冊。

《佛祖正傳古今節錄》，《卍新纂續藏經》第八十六冊。

元　中峰明本，《幻住清規》，《卍新纂續藏經》第一一一冊。
宋　宗賾集，《禪苑清規》，《卍新纂續藏經》第一一一冊。
元　中峰明本，《三時繫念佛事》，《卍新纂續藏經》第一二八冊。
元　中峰明本，《三時繫念儀範》，《卍新纂續藏經》第一二八冊。
南宋　普濟編輯，《五燈會元》，《卍新纂續藏經》第一三八冊。
唐　慧然集，明　郭凝之重訂，《五家語錄》，《嘉興藏經》第二十三冊。
釋嗣詔錄，《千巖和尚語錄》，《嘉興藏經》第三十二冊。
《古尊宿語錄》，《中華大藏經》第七十七冊。
元　中峰明本撰，慈寂編，《天目中峰和尚廣錄》，《禪宗全書》第四十八冊。

專書（依作者姓名筆畫排序）

元　趙孟頫撰，《松雪齋外集》。
吳立民、徐孫銘主編，《禪宗宗派源流》，http://www.fjdh.cn/wumin/2013/09/110633284273.html。
紀華傳，《江南古佛——中峰明本與元代禪宗》，中國社會科學出版社。
孫寶文，《致中峰明本尺牘十一札》，吉林文史出版社。

勞悟達，《禪師中峰明本的書法》，中國藝術學院出版社。
馮學成，《中峰和尚明本大師傳》，佛光文化事業有限公司。
釋印旭，《元代高僧中峰明本禪師》，宗教文化出版社。
釋有晃，《元代中峰明本禪師之研究》，法鼓文化事業股份有限公司。
釋東初，《中日佛教交通史》，中華佛教文化館。

論文（依作者姓名筆畫排序）

王鳳珠，〈永明禪師禪淨融合思想研究〉。
任宜敏，〈普應國師禪學思想析論〉。
吳進雄，〈正法眼藏與禪宗法脈傳承之研究〉。
呂有祥、吳隆升，〈大慧宗杲看話禪述評——以《大慧書》爲中心〉。
林義正，〈儒理與禪法的合流——以大慧宗杲思想爲中心的考察〉。
施伊姿，〈三時繫念儀式及其於臺灣實踐之研究〉。
陳金月，〈中峰明本《三時繫念佛事》之禪淨思想〉。
鄭眞熙，〈默照禪與看話禪比較研究〉。

蕭愛蓉，〈天如惟則《淨土或問》之研究〉。
蕭麗華，《「文字禪」詩學的發展軌跡》研究心得。
魏道儒，〈明本禪師的禪學思想〉，圓光佛學學報創刊號，1993.12 出版。
嚴雅美，〈試論宋元禪宗繪畫〉。（《中華佛學研究》第四期，一九九〇）
釋有晃，〈元代中峰明本之禪學思想與禪法略探〉。
釋恆清，〈禪淨融合主義的思惟方法—從中國人的思惟特徵論起〉。（《臺大哲學論評》第十四期，一九九一年一月）
釋穎融，〈明本禪師之禪淨思想研究〉。

工具書（依成書年代排序）

明　宋濂等編撰，《元史》。
清　廣賓撰，《西天目祖山志》。
釋慈怡主編，《佛光大辭典》，佛光文化事業公司。

國家圖書館出版品預行編目（CIP）資料

中峰明本：江南古佛／釋滿律編撰 — 初版
臺北市：經典雜誌，慈濟傳播人文志業基金會，2020.03
400 面；15×21 公分 —（高僧傳）
ISBN 978-986-98683-6-5（精裝）
1.(元) 釋明本 2. 佛教傳記
229.357 109001973

中峰明本——江南古佛

創 辦 人／釋證嚴

編 撰 者／釋滿律
主編暨責任編輯／賴志銘
行政編輯／涂慶鐘
美術指導／邱宇陞
插圖繪者／林國新
校對志工／林旭初

發 行 人／王端正
合心精進長／姚仁祿
傳 播 長／王志宏
平面內容創作中心總監／王慧萍

內頁排版／尚璟設計整合行銷有限公司
出 版 者／經典雜誌
慈濟傳播人文志業基金會
112019臺北市北投區立德路2號
客服專線／（02）28989991
傳真專線／（02）28989993
劃撥帳號／19924552 戶名／經典雜誌
印 製／新豪華製版印刷股份有限公司
經 商 商／聯合發行股份有限公司
231028新北市新店區寶橋路235巷6弄6號2樓
（02）29178022
出版日期／2020年 3 月初版一刷
2021年12月初版三刷
定 價／新臺幣380元